"十二五"
国家重点图书出版规划项目

精神分析经典译丛
郭本禹　主编

理 解 人 性

[奥地利] 阿尔弗雷德·阿德勒　著
方　红　郭本禹　译

Understanding
Human Nature

北京师范大学出版集团
BEIJING NORMAL UNIVERSITY PUBLISHING GROUP
北京师范大学出版社

心理学的复兴

理解人性

本书初版于 1928 年出版，旨在让普通大众了解个体心理学的基本原理。同时，本书还展示了这些原理的实际应用，即如何用这些原理来处理日常的关系及组织我们的个人生活。本书以作者阿德勒在维也纳人民学院为期一年的演讲为基础，目的在于指出个体的错误行为如何影响我们的社会生活及集体生活的和谐性，教会个体认识到他们自身的错误，最终让其了解到他们是怎样影响集体生活的日臻和谐的。阿德勒觉得，商业或科学领域中的错误代价高昂，令人惋惜，但生活管理方面出现的错误却通常会危及生活本身。就像本书作者在他的序言中所说，本书致力于"照亮人类通往更好地理解人性的前进道路"。

自　序

　　本书旨在让普通大众了解个体心理学的基本原理。同时，本书还展示了这些原理的实际应用，即如何用这些原理来处理日常的关系——不仅包括个体与世界、与同伴的关系，而且包括个体与其个人生活组织的关系。本书以我在维也纳人民学院为期一年的演讲为基础，听众是成千上万职业不同、年龄各异的男男女女。本书的目的在于指出个体的错误行为如何影响我们的社会生活及集体生活的和谐性，教会个体认识到他们自身的错误，最后让其了解到他们是怎样影响集体生活日臻和谐的。商业或科学领域中的错误代价高昂，令人惋惜，但生活管理方面出现的错误却通常会危及生活本身。本书的任务正是要致力于照亮人类通往更好地理解人性的前进道路。

　　　　　　　　　　　　　　　　　　　　　　　阿尔弗雷德·阿德勒

英译者序

　　一直以来，阿尔弗雷德·阿德勒都有一个观点，认为科学知识绝不是那些由于受过特殊训练而具备了从大自然获得新知识能力的人的私有财产：所有知识的价值都是相对于其对人类的效用而言的。个体心理学的起源是有关器官的章节和体质病理学（constitutional pathology），它们是所有医学中最为深奥难懂的。很少有人能读懂阿德勒第一本划时代的著作《器官缺陷及其心理补偿的研究》（*Studie Über Die Minderwertigkeit Von Organen*）。然而，在该书出版后的15年间，阿尔弗雷德·阿德勒和他的学生们按照该书中提出的思路不停地尝试，于是，个体心理学成了一门独立的科学、一种心理治疗方法、一个性格学体系，同时，它也是一种"人生观"、一种理解人类行为的取向。尽管收集原始资料有些困难，但理解人类行为的技巧是任何具有理解力的成年人都能掌握的，这些技术是15年来不断试验和研究的成果。

　　阿德勒在认识到儿童期的神经症和过失行为的起源后，在维也纳的学校和居住区建立了免费的儿童指导诊所。阿德勒的学生们不计报酬地、往往也是在非常糟糕的物质条件下工作，他们无畏的牺牲最终得到了极大的补偿，他们的工作取得了非常令人满意的心理治疗效果。在进一步认识到每一个用个体心理学的方法和知识武装起来的成年人有可能会生活得更有意义，能更好地理解其同伴的行为，能变成一个更为完善的人时，阿德勒应众多人的要求，每周在维也纳人民学院大礼堂举行一次演讲，演讲的主题是对人性的理解和生活的技巧。每次演讲，都会引来好几百不同性别、不同年龄的听众。而且在每次演讲之后都会举行一次公开的论坛，阿德勒医生对写在纸上递给他的问题以他和蔼可亲的、鼓舞人心的方式逐一进行解答。

　　本书是以阿德勒在人民学院为期一年的演讲稿为基础，编写而成的。

本书有一个明显的瑕疵：这是一本用口头语言而不是书面语言写成的书。除去手势，除去阿德勒医生的才智和活力，除去他即兴在黑板上画下的示意图，本书原原本本地记录了演讲的内容。本书的内容很好地涵盖了广泛的人类行为，并阐明了在理解我们的同伴时，许多心理治疗流派的争论在很多观点上都模糊不清，因此，本书的翻译对于所有研究人类行为的学者来说都非常重要。医生、精神病学家、心理学家都将认识到，《理解人性》并不是要详尽阐述心理病理学，而是试图以一种受过教育的成年人都能够理解的方式，从多个方面探讨神经症的问题。专门研究这些问题的学者可以粗略地翻一翻这本书，不要把它当作最终的蓝本，而是可以把它当作参考的手册。对教育者和社会学家来说也是如此，因为个体心理学的发现对他们来说也关系重大。而对于一般的具有理解力的成年人来说，《理解人性》将是最具吸引力的作品。苏格拉底有一句名言："认识你自己！"但遗憾的是，在这句名言之后，他没有为我们提供获取这种知识的方向。这位知识渊博的雅典思想家、伟大的医生、人类灵魂的伟大智者去世几个世纪之后，人们将他的经验成果收集到了一起，出版了一本手册，用于指导我们如何理解同伴和自己。

　　除此之外，我们还要提一下：将复杂难懂、晦涩严谨的德语思维的讲稿恰当地翻译成英语是一项艰苦的工作，但幸运的是，这项艰苦工作因为身边的一群杰出人物而大大减轻了。手稿的准备和校样的校对工作主要归功于纽约城市大学亨特学院伊丽莎白-薇拉·勒布（Elizabeth-Vera Loeb）教授的辛苦相助。译者曾长期跟随阿德勒医生学习，聆听他的演讲，亲身参与维也纳儿童指导诊所的工作，再加上将个体心理学的理论与实践运用到纽约的诊所中，因此，译者不仅能够将语言翻译成英文，而且能够将个体心理学的感觉和精神翻译成更具活力的美国习语。翻译工作虽然辛苦，但与作者的美好友谊大大超过了这种辛苦。

W. 伯伦·沃尔夫

（W. Béran Wolfe, M. D.）

纽约市

1927 年 11 月

导　言

人的命运蕴藏于他的心魂之中。

———希罗多德

在把握关于人性的科学时，我们不可以过于轻率和傲慢。相反，我们应该以某种谦逊的态度来理解这门科学。关于人性的问题是一项巨大的任务，自古以来，解决这个问题一直都是我们的文化所追求的目标。它绝不是一门以造就某些特殊专家为唯一目的的科学。让每一个人都理解人性，才是这门科学应有的目标。这是学院派研究者的一块心病，他们认为他们的研究是一个科学团体的专利。

由于在生活中彼此分离，因此，我们当中没有人能够非常透彻地了解人性。在先前的时代，人们不可能像今天这样过着彼此隔离的生活。从童年早期开始，我们就几乎与人性没有任何关联。家庭将我们隔离开来。我们的整个生活方式限制了我们与同伴的必需的亲密接触，而这种接触对于发展了解人性的科学与艺术来说是非常重要的。由于我们未能与同伴有足够的接触，于是我们成了彼此的敌人。我们对待他们的行为往往会被误解，我们的判断常常是错误的，而这仅仅是因为我们没有充分地理解人性。有一句人们经常重复的老话是这样说的：两个人经常见面，经常聊天，但彼此却没什么接触，因为他们将对方视作了陌生的路人，这种情况不仅发生在社会上，而且在家庭这个如此狭小的圈子中也会出现。我们最常听到的抱怨是父母说他们不能理解自己的孩子，或者孩子抱怨父母总是误解他们。我们对待同伴的整个态度取决于我们对他的理解；这是理解他的绝对必要条件，也是建立社会关系的基础。如果人们拥有的人性知识更为令人满意的话，那他们就更容易生活在一起。

这样就可以避免让人心烦的社会关系，因为我们知道，只有在我们相互不理解并因此而面临被表面的掩饰所欺骗的危险时，不幸的冲突才可能发生。

现在，我们要解释一下：为什么要怀着要在这个巨大领域中为一门精确的科学奠定基础这一目的而尝试从医学科学的视角来处理这个问题；我们还要弄清：人性这门科学的前提是什么，它必须解决哪些问题？我们可望从中得到什么样的结果。

首先，精神病学已经成为一门需要大量人性知识的科学。精神病医生必须具备尽可能快速、准确地洞察神经症患者灵魂的能力。在医学这个特殊的领域中，医生只有在对患者灵魂中所发生的事情有相当的把握时，才能有效地做出诊断、进行治疗并开出处方。平庸肤浅、一知半解在这里没有任何立足之地。他一旦犯了错误，将很快遭到惩罚，而对精神食粮的正确理解则会由于治疗的成功而让人产生成就感。换句话说，这是一次对我们所拥有的人性知识的有效检验。在日常生活中，对他人所做的一次错误判断并不一定会导致明显的后果，因为这些后果可能要在错误犯下之后很久才会发生，以致我们不能明显地看出它们之间的联系。我们常常会很震惊地看到：对某个同伴的某次误解所导致的巨大不幸在几十年后才会显现出来。这些不幸的事件教会了我们一点：我们每一个人都有必要且有责任去掌握关于人性的应用知识。

我们对神经症的考察表明：在神经症患者身上所发现的心理异常、情结、错误在结构上与正常个体的活动基本上没有什么不同。我们看到了同样的构成要素、同样的前提假设、同样的活动变化，唯一的不同在于：在神经症患者身上，它们表现得更为明显，且更容易识别。这一发现的好处在于：我们可以从异常案例中学习，使我们的眼光变得敏锐，去发现正常人心理生活中的相关活动和特征。唯一的问题在于训练、热情和耐心，而这是任何职业都需要的。

第一个伟大发现是这样的：灵魂生活结构最为重要的决定因素在童年期伊始就已经形成。从本质上说，这并不是什么大胆的发现，所有时代的伟大学者都有过相似的发现。其新颖之处在于这一事实，即我们能够将儿童期经验、印象和态度（只要我们能够确定这些经验、影响、态度）与后来的灵魂生活现象联结成一种确定无疑、不间断的模式。通过这种方式，我们就能够将童年期伊始的经验、态度与往后成年的经验、态度作比较；在这一点上，我们有了重要的发现，即绝不可把精神生活的单个表现视为自足的实体。据了解，只有当我们把这些单个表现视为一个不可分割的整体一部分时，我们才可以理解它们；只有当我们确定这些单个表现在一般活动类别和整个行为模式中的地位——只有当我们能够发现个体的整个生活方式并彻底弄清其儿童期态度的隐秘目标与他成年后的态度完全相同时，我们才会重视它们。简言之，这以惊人的清晰性证明，从心理运动的观点看，根本没有发生任何的变化。某些心理现象的外在形式、具体化、言语化有可能发生变化，但其基本原理、目标、动力，以及一切将精神生活导向其最终目标的东西则始终保持不变。一个具有焦虑性格、心里总是充满怀疑和不信任并不遗余力地把自己孤立于社会之外的成年患者，他的表现与他三四岁时的性格特征和心理活动完全一样（虽然由于儿童期的天真单纯，这些性格特征和心理活动可以得到更为明晰的解释）。因此，我们规定，对于所有患者，我们的大部分研究都针对其儿童期展开；这样我们便掌握了一种艺术，即当我们了解了某个成年人的童年期情况但还没有人告诉我们他目前的情况时，我们常常能够说出他的性格特征。我们把从作为成年人的他身上所观察到的东西，视为他在儿童期所经验到的东西的直接投射（projection）。

当我们听到关于某个患者儿童期的非常生动的回忆，并知道如何正确地解释这些回忆时，我们就能非常精确地重新建构患者现在的性格。在这样做的时候，我们利用了这样一个事实，即一个人很难偏离他在儿童期所形成的行为模式。几乎没有人能够改变他们儿童期的行为模式，尽管在成年期，他们的处境与儿童期完全不同。成年生活中态度的改变并不一定预示着行为模式的改变。精神生活的基础通常不会发生改变；个体在儿童期和成年期均保持同样的活动轨迹，而这往往会导致我们做出这样的推断，即他的人生目标也不会发生改变。我们之所以将注意力集中于儿童期经验（如果我们希望改变行为模式的话），还有另外一个原因。不管我们是否改变一个成年个体的无数经验和印象，对他都几乎没有什么区别；我们需要去发现的是患者的基本行为模式。一旦理解了这一点，我们便能够知道他的基本性格，并对他的疾病做出正确的解释。

因此，对儿童灵魂生活的考察变成了我们这门科学的支点，大量研究都致力于探索生命最初的几年。在这一领域中，有非常多的资料从未被触及或探究，以至于每一个人都有可能发现对人性研究非常有用的、新的、有价值的资料。

由于我们的研究并不是为了自己，而是为了人类的利益，因此，我们同时也发展出了一种预防形成坏性格特征的方法。几乎不用依靠任何前人的思想成果，我们的研究就进入了教育学领域，这是一个我们已为其出力多年的领域。对于任何希望在其中进行试验并将他在研究人性时所发现的有价值的东西运用于其中的人来说，教育学乃是真正的宝藏，因为教育学像人性科学一样，并非出自于书本，而必须在生活这所实践学校中获得。

我们必须熟悉精神生活的每一种表现，使自己置身其中，陪伴着人们共同体验他们的欢乐悲伤，就像一个优秀的画家会把他从一个人身上所感觉到的那些特征都画进此人的画像中去一样。人性科学应该被视作一种拥有许多可供使用的工具的艺术，这是一种与所有其他艺术都紧密相关且对它们都有用的艺术。尤其是在文学和诗歌中，它更是具有非同寻常的重要性。它的首要目的必定是扩充我们关于人的知识，也就是说，它必定能够让我们所有人都获得这样一种可能性，即我们所有人都有可能让自己的心理发展得更好、更成熟。

我们最大的困难之一在于，我们常常发现人们恰恰在对人性的理解这一点上极其敏感。即使没有经过系统学习，没有准备去获得学位，也很少有人会认为自己不是这门科学的大师；如果要求检验他们的人性知识而不会让他们感到恼怒的人甚至就更少了。真正想要了解人性的仅仅只有那些曾通过其自身的共情（empathy）而体验过人的价值与意义的人，也就是说，这些人事实上也曾经历过心理危机，或者完全能够识别出他人身上的这些心理危机。

由此便产生了这样一个问题，即我们需要找到一种精确的手段、策略和一种技巧来运用我们的知识。因为我们是在粗暴地将一些赤裸裸的事实扔到了一个人的面前（这些事实是我们在探究他的灵魂的过程中发现的），而这是让人觉得最为可恨的事情，也是会遭遇最多批判眼神的事情。我们最好建议一下那些不想被人憎恨的人：在这个方面一定要谨慎从事。要想获得坏名声，最好的方法是：随意地利用从人性知识中所获得的种种事实，甚至是误用、滥用这些事实。比如，有人在餐桌上急于表现出他对邻居的性格有多么了解，或者猜测得多么准确。此外，仅仅引用这门科学的基本真理作为最终结论，来教导那些未能从整体上了解这门科学的人，这样的做法也是非常危险的。即使是那些确实了解这门科学的人，这样的做法也会让他们觉得受到了侮辱。我们必须重复一遍前面已经说过的话：人性科学驱使着我们必须谦虚。我们不可以在不必要的时候宣布我们的实验结果，也不可以草率地宣布。这样的做法只适合于那些急于炫耀自己并把自己所能做的事情一股脑儿地展示出来的小孩子。而对于成年人，人们几乎不会认为这是一种得体的举动。

我们应该建议那些了解人类灵魂的人先要审视一下自己。他不应该将自己在造福于人类的过程中所获得的实验结果，放到某个不情愿的受害者身上。对于一门仍有待发展的科学来说，他这样的做法只会带来新的困难，而且实际上也会使他自己的目的无法实现！因此，我们必须担负起提醒那些年轻探索者避免由于思虑不周的热情而导致错误这一重任。我们最好保持谨慎并将这一事实谨记于心，即我们必须先有一个完整统一的观点，然后才能就其部分做出一些结论。而且，只有当我们确定了这些结论对某人有利，才能将这些结论发表出来。以一种错误的方式或在一个不恰当的时刻对他人的性格下正确的结论，是会造成巨大危害的。

在继续谈论我们的种种思考之前，我们现在先来讨论一下许多读者头脑中已经出现的某种反对意见。我们在前面曾断言，个体的生活风格通常始终保持不变。在许多人看来，这种观点有点不可思议，因为每一个人的生活经验都非常多，而这些经验会改变他的生活态度。我们必须记住一点：任何经验都可以有很多种解释。我们将会发现，世界上没有哪两个人会从相同的经验中得出相同的结论。这就说明了这样一个事实，即经验并非总能让我们变得更聪明。诚然，人们通常能学会避开一些困难，并可以获得一种对待他人的哲学态度，但他据以行事的模式却往往不会因此而发生改变。在后面所做的更进一步的思考中，我们将会看到，一个个体总是运用他的经验来达到相同的目的。进一步的考察表明，他所有的经验都必定与他的生活风格相吻合，与他的生活模式息息相关。众所周知，是我们自己塑造了我们自己的经验。每一个人都在自己决定着以何种方式获得经验以及获得什么样的经验。在日常生活中，我们观察到，人们总是根据自己的经验随心所欲地得出他们想要的结论。有这样一个人，他总是犯某种错误。如果你成功地使他相信他错了，他的反应将会有所变化。事实上，他可能会总结说，他早就该避免犯这个错误了。这是一个极为罕见的结论。更有可能发生的情况是，他会反对说，他已经积重难返，现在再也无法让自己改掉这种习惯了。或者，他会责怪自己的父母或所受的教育，认为是他们导致他总是犯这个错误；他也可能会抱怨说，从来都没有人关心他，或者他自小就被宠坏了，或者他一直遭受虐待，总之，他会找某种借口来为自己的错误开脱。无论他找什么样的借口，他都暴露了一件事情，即他想推卸自己的责任。他用这种方式为自己找到了一个表面上的正当理由，并因此避免了所有的自我谴责。他从来都不会谴责自己。他之所以总是不能心想事成，原因始终都是别人的过错。这种人所忽略的是这样一个事实，即他们自己几乎没有付出任何的努力去避免自己的错误。他们更为急于维持自己的错误，从而以某种热情为自己的错误去谴责所受的不良教育。只要他们想继续如此，这便是一个有效的借口。一种经验有许多种可能的解释，从任何一种经验都可以得出种种不同的结论，这一事实使得我们能够理解为什么一个人常常不改变自己的行为模式，而是转变和歪曲自己的经验直至使其符合这种行为模式。对人类来说，最难做到的事情就是认识自己、改变自己。

任何一个未能精通人性科学理论与技术的人，要想把人类教育成更好的人，都会遭遇极大的困难。他所做的一切都完全是表面文章，并且会错误地相信：由于事情的外在方面已经发生改变，所以他就算完成了某件有意义的事情。一些实际案例表明，这种技术对个体的改变是多么的微乎其微，所有那些所谓的变化都仅仅只是表面上的改变，而只要行为模式本身不发生改变，这些变化都毫无价值。

转变一个人并不是一个简单的过程。它需要某种乐观的态度和耐心，而最为重要的是需要排除一切个人虚荣心，因为将被转变的那个人并非有义务注定成为他人满足其虚荣心的对象。而且，转变的过程还必须这样来进行，即这个过程在那个将被改变的人看来是合情合理的。比方说，某人本来非常爱吃的一顿佳肴，如果不是以一种合适的方式准备和提供的话，那他是会拒绝的。

人性科学还有另一个方面，我们可以称为社会方面。毫无疑问，人与人之间如果能够更好地相互理解，那么，他们就一定会相处得更好，彼此之间也一定会有更为亲密的接触。在这样的环境中，他们就不可能对彼此感到失望，也不可能彼此欺骗。对社会来说，一个巨大的危险就在于这种欺骗有可能发生。我们必须向我们的同事，即我们正向其介绍该研究的人，展示这种危险。他们必须能够使他们的科学研究对象理解在我们身上起作用的未知的无意识力量的价值所在；为了帮助这些人，他们必须察觉到人类行为中所有那些隐蔽的、扭曲的、伪装的诡计与花招。为了达到这一目的，我们必须通晓这门关于人性的科学，并有意识地带着它的社会目的将它付诸实践。

什么样的人最适合于搜集这门科学的资料并将其付诸实践呢？我们在前面就已经指出，我们不可能仅仅只从理论上运用这门科学。仅仅知道所有的规则与资料是不够的。我们还需要把研究付诸实践，并让这些研究与实践相互关联，这样，我们的眼光就会变得比以前更为敏锐深刻。这乃是人性科学之理论方面的真正目的。但是，只有当我们走进生活本身之中，去对我们已经获得的理论进行检验和运用时，我们才能使这门科学充满活力。我们提出这个问题有一个重要的原因。在受教育的过程中，我们所获得的关于人性的知识少之又少——而在我们所学到的少之又少的人性知识中，大多数都是不正确的，因为现代教育仍然不适于给我们提供关于人类灵魂的正确知识。我们对每一个儿童都听之任之，完全让他们自己去评估自己的经验，让他们在课堂作业之外发展自己。我们还没有获得关于人类灵魂的真正知识的传统。人性科学在当今的地位，就像化学在炼金术时代所处的地位一样。

我们发现，那些尚未被复杂混乱的教育体系从其社会关系中剔除出去的人，最适合从事关于人性的研究。我们打交道的人，不管是男人还是女人，归根结底要么是乐观主义者，要么是好战的悲观主义者，这些悲观主义者还没有发展到听天由命的地步。但是，光接触人性是不够的，还必须有亲身的体验。面对今天极不恰当的教育，只有一类人能够获得对人性的真正理解。这类人便是真心悔悟的罪人，他们要么是曾卷入精神生活的旋涡，犯过其所有的错误和失误，并最终把自己拯救了出来的人；要么是曾非常靠近这个旋涡并感觉到了其中的激流拍打在自己身上的人。其他一些人自然也能了解人性，尤其是那些具有认同、共情天赋的人。对人类灵魂洞悉最深的人，是那些亲身经历过种种激情的人。在我们生活的这个时代，真心悔悟的罪人就像在各大宗教开始形成的时代一样，是非常有价值的人。他比成千上万的正人君子站得高得多。这是怎么回事呢？一个曾经历过种种生活困境并把自己从生活泥沼中拯救了出来的人，会从这些不好的生活经历中获得力量，提升自己，他们不仅能够理解人生好的一面，也能理解人生坏的一面。对于人生的这种理解力，没有人能与他们相媲美，那些正人君子当然也不能。

当我们发现一个人的行为模式使得他不能拥有幸福人生时，我们的人性知识中便会升起一种绝对的责任感，要去帮助他调整错误的人生观。我们必须给他提供更好的人生观，而这些人生观更适应于这个社会，更适于获得人生的幸福。我们必须给他一套新的思想体系，为他指明另一种模式，在这种模式中，社会感和公共意识往往会发挥更为重要的作用。我们并没有打算为他的精神生活塑造一个理想的结构。对于感到困惑的人来说，一种新的观点本身就具有重大的价值，因为他从这种新观点出发，便能明白自己是在什么地方误入歧途，铸成错误的。在我们看来，认为所有的人类活动都按因果序列发生的严格决定论者，离错误只有一步之遥。只要自我认识、自我批评仍然具有活力，并且依然是人生的主题，那么，因果关系就会变成完全不同的因果关系，经验的结果也会获得全新的价值。当一个人能够确定自己行动的源泉和灵魂的动力，那么他认识自己的能力就会大大提高。一旦他理解了这一点，他就会变成一个完全不同的人，他就会不再逃避他的认识所带来的不可避免的结果。

目　录

第一部分　人的行为

第一章　精　神

一、精神生活的概念与前提

我们认为，精神只属于能自由活动的、有生命的有机体。精神与自由运动的关系是固有的。那些牢牢扎根于大地的生物体没有必要具有精神。牢牢扎根于大地的生物体要是有了情绪和思想，那将是一件多么不可思议的事情！我们怎能觉得植物很可能能够体验到无从逃避的痛苦，或者能够预感日后无可避免的痛苦呢！我们又怎能在认定植物不可能运用其意志的同时，拥有理性和自由意志呢！在这样的情形之下，植物的意志和理性必然不能开花结果。

运动与精神生活之间存在着一种严格的因果关系。而这正是植物与动物间的差别。因此，在精神生活的演进过程中，我们必须考虑到一切与运动相关联的东西。所有与环境变化相关联的困难都要求精神能够预知未来、积累经验、发展记忆，这样生物体才能更好地适应生活。因此，我们一开始便可以断言，精神生活的发展与运动密不可分，精神所成就的一切发展和进步都以此生物体的自由可动性为先决条件。这种可动性一直刺激、增强着精神生活的强度，并要求精神生活的强度永远不断增强。想象有那么一个人，我们对他的所有运动都了如指掌，那我们就可以认为，他的精神生活已经停滞了。"唯有自由能造就伟人，而强制只会扼杀和摧毁他们。"

二、精神器官的功能

如果我们用上述观点来看待精神器官的功能，那我们就会意识到，我们是在考虑生物体遗传能力的演进，即有生命的生物体对其所处的环境做出进攻和防御反应的器官的进化。精神生活是一系列既采取攻势又寻求安全的活动，其最终目的是保证人类这个生物体在地球上不断繁衍，并使他能够安全地获得发展。如果我们承认这一前提，那么，就可以由此进行更进一步的考虑，而这在我们看来是真正的精神概念所必需的。一种与世隔绝的精神生活是我们无法想象的。我们唯一能想象的精神生活是与其环境密切联系的，它接收来自外部世界的刺激，并以某种方式对这些刺激做出反应；对于那些不适合生物体保护自己对抗外界灾难的能力和力量，它通常会放弃，或者以某种方式依附于这些力量，以保存自己的生命。

人们由此而想到的关系有很多。它们与生物体本身有关，即与人类的特性、身体特点以及他的优势缺陷有关。这些都是完全相对的概念，因为某种力量或器官是被解释为优点还是缺陷，是完全相对的。这些价值只有在个体所处的情境中才能得到确定。众所周知，人的脚从某种意义上说是一只退化了的手。对于需要攀爬的动物来说，这显然是一个不利条件，但对于必须在平地上行走的人来说，却非常有利，以至于没有人愿意要那"正常的"手而不要这"退化了的"脚。事实上，就像在所有人的生活中一样，在我们的个人生活中，自卑也不应被视为所有罪恶的根源。只有特定的情境才能决定其优劣。当我们想起宇宙（既有白昼黑夜，又有阳光的普照，还有原子的运动）与人类精神生活之间的关系是多么斑驳多样时，就会认识到这些对我们的精神生活产生了多么大的影响。

三、精神生活的目的

我们在精神倾向中所能发现的第一件事是：运动都指向于某一个目

标。因此，我们不能把人的精神想象成一个静止不动的整体。我们只能将它想象为一系列复杂的运动力量，不过，这些运动力量是单个原因所导致的结果，旨在为完满地实现某个目标而努力。这个目的，这种为实现某一目标而付出的努力，是"适应"这一概念中固有的。我们只能想象一种具有某一目标的精神生活，而精神生活中存在的种种运动都指向于这个目标。

人的精神生活是由他的目标决定的。如果所有这些活动没有一个始终存在的目标来决定、延续、修正和指引，那么，人就不可能有思想、感受、意志和梦想。而这自然是由生物体适应环境并对环境做出反应的必要性所导致的结果。人类生命的身体现象和精神现象是以我们前面所证实的那些基本原理为基础的。如果没有一个始终存在的目标模式（它从本质上说是由生命的动力所决定的），我们便无法想象一种精神的演进发展。而对于这个目标本身，我们既可以认为它是变化的，也可以认为它是静止不动的。

以此为基础，所有的精神生活现象则都可以被视作为某个未来情境所做的准备。在心灵这一精神器官中，除了一种趋向目标的活动着的力量之外，我们几乎不可能发现其他任何东西，因此个体心理学认为，人类精神的所有外在表现都好像是指向某一个目标的。

在知道了一个人的目标，同时对世界也有所了解之后，我们还必须弄清这个人的生命运动及其表现有什么样的意义，以及这些运动和表现作为为实现其目标而做的准备具有什么样的价值。此外，尽管精神并不遵从自然的法则，因为那个始终存在的目标一直处于变化之中，但我们还必须知道这个人为了达到他的目标而必须采取的运动类型，就像我们知道一块石头从空中掉到地上所经过的路线一样。不过，如果一个人拥有一个始终存在的目标，那么他的每一种心理倾向都必定会带着某种强迫性去追随这一目标，就好像在遵循着某一自然法则一样。制约精神生活的法则无疑存在，但那是一种人为的法则。如果有人觉得他有足够的证据证明某种精神法则的存在，那么他是被表面的现象给欺骗了，因为当他认为他已经证明了环境具有不可改变的性质和决定作用时，他实际上已经做了手脚。如果一位画家想要画一幅画，人们便把所有与具有目标的个体相关的态度都归到他身上。他将做出所有必需的动作，其结果也是不可避免的，就好像有一种自然法则在其中发挥着作用一样。但是，他真的非要画这幅画不可吗？

自然界中的运动与人类精神生活中的运动是不同的。所有关于自由意志的问题都取决于这至关重要的一点。现在人们普遍认为，人的意志是不自由的。确实，一旦人的意志纠缠或束缚于某个目标，它就受到了束缚。而且，由于人与宇宙、动物以及社会的关系往往会对这个目标起决定性的作用，因此，通常情况下，精神生活看起来好像受制于一些固定不变的法则就不足为奇了。但是，举个例子来说，假如一个人否认他与社会的关系并奋起而反抗这些关系，或者拒绝使自己适应生活的现实，那么，所有这些所谓的法则就都将失去效用，而一个由新目标所决定的新法则将取而代之。同样，当个体对生活感到困惑并试图断绝他对同胞的情感时，社会生活的法则便不再对他具有约束力。因此，我们必须做这样的断言：只有在确立了某个恰当的目标之后，精神生活的运动才必然会发生。

另外，我们完全有可能根据个体当前的种种活动而推断出他的目标。这样做很重要，因为很少有人能确切地知道自己的目标。在实际操作中，这是我们所有人都必须遵循的程序，只有这样做，才能获得关于人类的知识。但由于运动可能具有多种不同的意义，因此，操作起来也并非总是如此简单。不过，我们可以选取个体的多种运动进行比较，并用图表的方式将其表现出来；然后将表现精神生活的明确态度的两个点连起来，得到的曲线便记录了其在时间上的差异，这样一来，我们就实现了对某个人的理解。人们常常用这样一种方法来获得对某一整体生活的统一印象。下面，我们将用一个例子来说明可以怎样在一个成年人身上重新发现与儿童期具有惊人相似之处的模式。

有一个 30 岁的男人在情绪极其抑郁的情况下找到了精神科医生，他的性格非常富有攻击性，虽然发展过程中出现了一些困难，但他还是获得了成功和荣誉，他对医生抱怨说自己没有心思工作，也没有生活的欲望。他解释说自己正准备结婚，但对未来，却充满了极大的不信任。他经常受到强烈嫉妒心的折磨，他的婚约也面临着破裂的巨大危险。在这个案例中，他用来证明自己观点的事实并不能令人信服。因为他那位年轻的未婚妻是无可指责的，而他表现出来的明显的不信任却让我们对他产生了怀疑。生活中有许多人觉得自己受到了另一个人的吸引，从而去接近对方，但很快又会采取一种攻击的态度，破坏他们试图建立的关系，而他就是这样的人。

现在，让我们像上文中所说的那样把这个人的生活方式绘制成图表，先选取出他生活中的一个事件，并力求将其与他当前的态度连接起来。根据我们的经验，我们通常要求患者讲出最早的童年记忆，虽然我们知道我们不可能总能客观地测出这一记忆的价值。他最早的童年记忆是这样的：他和母亲、弟弟在一个商场里，因为人群混乱拥挤，母亲把他这个当哥哥的抱在了怀里，当她发现抱错了时，就又将他放了下来，抱起了他弟弟，而我们这位患者只能跟在母亲后面，在人群中被挤来挤去，狼狈不堪。当时，他只有四岁。从对这段回忆的叙述中，我们听到了与从他对目前情形的抱怨的描述中所推测出的完全相同的特征。他并不确定自己是否受人宠爱，同时又不能忍受别人得宠。我们将这种关系对他讲清楚，这位患者大为震惊，立刻就明白了这种关系。

每一个人的行为都指向某个目标，这个目标是由环境给予儿童的那些影响和印象决定的。每个人的理想状态，也就是他的目标，很可能在他生命最初的几个月里就已经形成了。甚至在这个时候，某些感觉也发挥了一定的作用，它们可以激发儿童做出愉悦或不适的反应。此时，人生哲学的最初轨迹出现了，虽然是以最原始的方式表现。在人还是婴儿时，影响灵魂生活的基本因素就已固定。在这些基础之上，一个上层结构形成了，当然这个上层结构有可能会被改变、影响或转换。很快，各种各样的影响因素会迫使儿童形成一种对待生活的明确态度，并使他的一些特定的反应类型固定下来，以应对生活向他提出的各种问题。

有些研究者认为，成年人的性格特征在其婴儿期就已显而易见，这种说法并无大错；这也就是人们通常认为性格具有遗传性的原因所在。但是，认为人的性格和人格是由其父母遗传而来的观点普遍有害，因为它妨碍了教育者的工作，还会使教育者失去信心。其实，认为性格是通过遗传而来的真正原因另有其他——这个借口使得所有从事教育的人都可以简单地将学生的失败归咎于遗传来逃避责任。当然，这完全与教育的目的背道而驰。

我们的文明为目标的确定做出了重要的贡献。它扫清了儿童有可能遭遇的障碍，使他们少摔跟头，直到他们找到一条能够实现其愿望的坦途，保证他们既有安全感，又能适应生活。儿童在其生命早期可能就已经认识到，要适应我们的文化现状，他需要多少安全感。我们所说的安全感并非只是远离危险的安全感觉，还包括更进一步的安全系数，以保证人这个生物体在最佳条件下持续生存，这很像我们在谈到一台精心设计的机器的运转时所说的"安全系数"。儿童往往通过要求得到一种"额外的"安全因子而获得此种安全系数，这种安全因子超过了仅仅满足既定本能需要和平稳发展所需的量。如此一来，他的灵魂生活中便出现了一种新的运动。这种新运动非常明显地表现出一种想支配他人、优越于他人的倾向。和成人一样，儿童也想将他所有的对手都远远地抛在身后。他拼命地想获得一种优越感，这种优越感会给他带来安全感，并使他能够适应生活，而这正是他之前给自己设定的目标。于是，他的精神生活中常常会涌现出一种烦乱不安。随着时间的流逝，这种不安会明显地日渐强烈。现在，我们假设，世界需要的是一种更为强烈的反应。如果在这个危急关头，儿童不相信自己拥有战胜困难的能力，那我们就会发现他竭力逃避，编造各种各样的借口为自己辩解，而这一切只会让潜在的对荣耀的渴求变得更为明显。

在这样的情形下，他迫在眉睫的目标常常是逃避所有更大的困难。这种类型的人畏惧困难，或设法躲开困难，以暂时逃避生活对他提出的要求。我们必须了解，人类灵魂的反应并不是最终的反应，也不是绝对的反应；每一个反应都只不过是一个部分的反应，都只是暂时有效，但绝不能将其视为问题的最终解决方式。特别是在儿童灵魂的发展过程中，我们要时刻记住，我们所谈论的都是目标观念的暂时形态。我们不能用测量成人精神的标准测量儿童的灵魂。就儿童而言，我们必须做更为深入的观察，并对他生活中自行产生的能量和活动最终引导他去实现的目标提出质疑。如果我们能够进入他的灵魂，那我们就能理解他的每一种权力表现是如何适合于他为自己所创造的理想的（这个理想是他为最终适应生活而确定的形态）。如果我们想知道儿童为什么会做出这样或那样的行为，那我们就必须站在他的观点来看问题。此外，与他的观点密切相关的情感基调也以各种不同的方式引导着儿童。这其中有一种乐观主义的基调，乐观的儿童往往充满自信，相信自己能够轻易地解决所遇到的问题。在这样的情形之下，他长大后就会具有这样的性格特征，即认为解决生活中的各项任务显然都在他的能力范围之内。在这种情况下，我们看到这个个体发展出来的是勇气、豁达、坦诚、责任感、勤奋等。与之相反的则是悲观主义情感基调的形成。想象一下一个没有信心解决问题的儿童的目标吧！世界在这样的儿童看来该是多么凄凉惨淡啊！在这样的儿童身上，我们看到的是怯懦、内向、怀疑，以及弱者用来保护自身的所有其他特征和特性。他的目标总是超出自己的能力范围，但却远远地落后于生活的最前线。

第二章 精神生活的社会性方面

要了解一个人的思维方式，我们必须考察他与同伴的关系。一方面，人与人之间的关系是由宇宙的本质所决定，因而容易发生变化。另一方面，它也由诸如一个社会或国家的政治传统这样的固有制度所决定。不弄清这些社会关系，我们就无从理解这些精神活动。

一、绝对真理

人的精神不能自由无羁地"行动"，因为它必须要解决不断出现的问题，而这就决定了它的行动路线。这些问题与人的社会生活逻辑密切相关，社会生活的基本状况通常会对个体产生影响，但社会生活却很少受到个体的影响，即使有影响，也只是某种程度上的影响。不过，我们不能将社会生活的现存状况视作终极的状况；这类状况多得不胜枚举，且很容易发生变化和转变。我们还远不能透彻地阐明精神生活问题的黑暗面，还远不能完全理解其真谛，因为我们无法逃出由我们自己的种种关系所编织成的天罗地网。

要摆脱这一困境，唯一的办法是假定我们社会生活的逻辑是存在于这颗行星之上的终极真理，我们在克服由于不健全的组织和我们作为人的有限能力而产生的错误之后，就可以一步一步地接近这个真理。

我们考虑的一个方面是社会的物质层面，马克思和恩格斯曾对此做过描述。根据他们的学说，经济基础，即一个民族生活于其中的技术形式，决定着"理想的、逻辑的上层建筑"，即个体的思想与行为。我们的"人类社会生活的逻辑"和"绝对真理"的概念与这些观点是部分一致的。然而，历史以及我们对个体生活的洞察（我们的个体心理学）却教会我们，个体对某种经济状况的要求做出错误的反应，有时候也是权宜之计。为了避开这种经济处境，他可能会让自己纠缠于自己的错误反应所织就的罗网之中。我们通向绝对真理的道路将会引导我们跨越无数的此类错误。

二、对社会生活的需要

社会生活的法则确实就像气候的规律一样不言自明，气候的规律会迫使人们采取一定的措施来抵御寒冷，如修建房屋等。社会和社会生活的强制力在制度之中，就像宗教一样，对于这些制度的形式，我们无须完全理解（在宗教中，共同规范的神圣化成了团体成员之间的一种联系纽带）。如果说我们的生活状况首先取决于宇宙的影响，那么它还会进一步地受到人类社会生活和社区生活的制约，以及从社会生活中自然而然地产生的法律规定的制约。社会的需要调整着人与人之间的所有关系。一个人的社会生活先于其个体生活。在人类文明史上，没有哪种生活方式不以社会生活为基础。没有哪个人类个体能够脱离人类社会而存在。这一点很容易解释。整个动物界都展示出了这样一条基本法则，即一个物种的个体如果没有能力面对为自我保存而进行的战争，那么，它们就会通过群居生活而获得新的力量。

群居本能帮助人类达到了这样的目的：帮助人类战胜环境之严酷而不断获得进步的最为值得一提的工具是灵魂，其本质渗透在了社会生活的必要性之中。达尔文在很早以前就注意到了这样一个事实，即我们从未发现过单独生活的弱小动物；我们不得不将人类也视作弱小的动物，因为他同样不足以强大到可以单独生存。他对大自然只能做出微乎其微的抵抗。为了能够继续生存在这个行星之上，他必须借助于许多人造机器来作为他弱小身体的补充。想象一下：孤身一人生活在原始森林之中，没有任何文明工具，那将是一种怎样的情景！他将比任何其他的生物体都更加力不从心。他既没有别的动物所具有的速度，也没有别的动物所具有的力量。他既没有肉食动物的锋利牙齿，没有灵敏的听觉，也没有敏锐的眼力，而这一切都是生存斗争所必需的。因而人类需要大量的工具来保证自己的生存。他的营养、他的个性特征以及他的生活方式都需要得到广泛的保护。

现在我们就能明白为什么人类只有在将自己置于特别有利的条件之下才能维持其生存了。而这些有利的条件是社会生活为他提供的。社会生活成了一种必需，因为通过社会和劳动分工（在其中每个个体都从属于群体），人类这个物种才能继续存在。劳动分工（从本质上说劳动的分工意味着文明）本身就能够让人类获得进攻和防御的工具，而这些工具可以让人类拥有一切必需的东西。人类只有在学会了劳动分工之后，才懂得如何维护自己的权利。想想生孩子的艰难和孩子刚出生的头几天要养活他所必需的种种精心照料吧！只有通过劳动分工，才有可能实施这种精心的照料。再想想人类肉体世代都会染上的数不胜数的疾病吧，尤其是在婴儿期！想想这一切，你就会对人类生活所需的种种照料略见一斑，就会对社会生活的必要性有所了解了！社会是人类延续其生存的最佳保证！

三、安全与适应

根据前面的阐述，我们可以得出这样的结论：从自然的观点来看，人是一种低等生物体。自卑感和不安全感常常会出现在他的意识之中。它是一个一直存在的刺激，时常刺激着个体去发现更好的方法和手段来使自己适应自然。这一刺激会迫使他寻求各种能将人类生活的不利因素排除干净或减到最低的情境。此时，就出现了一种对于能影响适应过程和安全感获得过程的精神器官的需要。通过增加诸如尖角、利爪、利齿等解剖学意义上的防御武器，很难让生物体脱离原始的半人半兽状态，变成一种新的生物体（半人半兽的状态使得生物体能够与大自然战斗到最后一刻）。只有精神器官能够在第一时间做出迅速反应，并补偿人类机体上的缺陷。机体上的缺陷使得个体始终存在一种机能不全感，而这种感觉会激励他不断地发展其先见之明和防患于未然的能力，并使其灵魂发展成为现在这样一种能思维、感觉和行动的器官。既然在适应的过程中，社会起着根本性的作用，那么，精神器官从一开始就必须考虑到社会生活的条件。精神器官的所有能力都是在同一个基础之上发展起来的，这个基础就是社会生活的逻辑。

逻辑具有对普遍适用性的内在需要，在逻辑的起源中，我们无疑会发现人类灵魂发展的下一个步骤。只有普遍适用的，才符合逻辑。社会生活的另一手段是发音清晰的言语，正是这种令人吃惊的言语将人类与动物区别开来。言语现象（它的各种形式清楚地表明它起源于社会生活）同样也不能脱离普遍适用这一概念而存在。对于离群索居的人类个体来说，语言是绝对没有必要的。只有在社会中，言语才有其存在的合理性；它是社会生活的产物，是社会中人与人之间的联系纽带。我们可以通过这样一些人来证明这种说法的正确性：他们生长在很难或者根本不可能与他人接触的环境中。他们当中有些人往往由于一些个人的原因而逃避与社会的所有联系，另一些人则是环境的受害者。不管是哪种情况，他们都遭受着言语缺陷或障碍的痛苦，并永远都无法获得学习外语的能力。也就是说，只有当人与人之间的联系不受阻碍，言语的这种纽带作用才能形成并维持下去。

言语在人类灵魂的发展中有着极其重要的价值。逻辑思维只有在具备言语的前提下，才成为可能，因为言语给了我们构建概念和理解价值异同的可能性；概念的形成并非个人私事，而是关系到整个社会的事情。只有在普遍适用的前提下，我们的思想、情感才有可能被人理解；我们因为美而产生的愉悦感也是以这样一个事实为基础的，即对美的认知、理解和感受是普遍适用的。由此，我们可以断定，思想、概念就像理性、理解、逻辑、伦理、审美一样，都起源于人类社会生活；同时，它们又都是致力于阻止文明解体的个体之间的联系纽带。

我们还可以将欲望和意志也理解成作为个体的人的境遇的一个方面。愿望只不过是一种服务于机能不足感的倾向，是一种获得令人满意的适应感的手段。"意志"则意味着感觉到这种倾向并付诸行动。每一种意志行为都开始于一种机能不足感，而机能不足感的解除往往会将人引向一种满足、安静、完整的状态。

四、社会感①

现在，我们便可以理解，任何有助于确保人类生存的规则，如法规、图腾、禁忌、迷信或教育等，都必须受制于社会的概念，并适合于这个概念。我们已经以宗教为例考察了这个观点，并且发现对社会和个体而言，对社会的适应都是精神器官最为重要的功能。我们所谓的公正、正直，以及我们所认为的人的性格中最有价值的东西，从本质上说都只不过是源自人类社会需要的条件的满足。这些条件使得灵魂得以具体化，并引导着它的活动；责任感、忠诚、坦率、对真理的热爱等美德的建立和保持，全仰仗于社会生活普遍有效的原则。我们只有从社会的观点出发，才能判断一种性格的好坏。就像科学、政治或艺术领域所取得的成就一样，人的性格也只有在证明了它具有普遍价值后才会引起注意。我们用来测定某一个体的标准，通常是由这个个体对于大多数人而言的价值决定的。我们总是拿某个人与理想人物形象作比较，这个理想的人物能以一种大体上对社会有益的方式，战胜他所面临的任务和困难，他是一个社会感已经发展到了相当高度的人。用福特穆勒（Furtmüller）的话说，他是一个"根据社会法则来玩生活游戏的人"。在我们后面的阐述中，读者将越来越清晰地看到，不培养一种与他人的深刻伙伴关系，不练习做人的艺术，谁都不可能成长为健全的人。

————————

① "Gemeinschaftsgefühl"一词在英语中没有很合适的对应词，因此，在整本书中，我们都把它翻译成了"社会感"（social feeling）。不过，"Gemeinschaftsgefühl"的含义指的是人类团结感，是指在一种广泛的关系中人与人之间的关联。因此，虽然我们把它翻译成了"社会感"这种简洁的表达，但应将其更为广泛的内涵，即"社会生活中的集体意识"谨记于心。——英译者注

第三章　儿童与社会

社会要求我们承担一定的责任，这些责任不仅会影响我们生活的准则和形式，还会影响我们心智的发展。社会具有一个有机的基础。在人具有双性恋倾向这一事实中，我们可以看到个体与社会的相切点。生命冲动的满足、安全感的获得以及幸福的保证，并不存在于相互隔离开来的男女中，而是存在于夫妻的共同生活之中。如果我们去观察一下儿童缓慢的发展过程，就可以确信：没有社会的保护，人类生命就不可能进化。生活中的种种责任使得劳动分工成为必须，劳动分工不仅不会将人与人隔离开来，反而会加强人们之间的联系。

每一个人都必定会帮助他的邻居。每一个人都必定会感觉到自己与同伴相依相连。人与人之间至关重要的关系就是这样产生的。下面，我们就更为详尽地讨论一下儿童出生后所面临的这样一些关系。

一、婴儿的处境

尽管每一个儿童都要依赖于社会的帮助，但他仍会发现自己面对的是一个既给予又索取、既期望你去适应又会满足你的生活的世界。他的本能因为遭遇障碍而无法得到满足，无法克服这些障碍使他感到非常痛苦。他在很小的时候就已经认识到，有那么一些人，他们能够更为彻底地满足他们自己的冲动欲望，并对生活有更为充分的准备。我们可以说，由于童年时期的这些境遇，他需要有一个整合器官（organ of integration）来让他有可能过上一种正常的生活，于是，他的灵魂就诞生了。它通过评估每一种境遇，然后指引有机体以本能的最大满足和最少的冲突迈向下一个境遇。于是，他学会了过高地估计打开一扇门所需的力气、搬动重物所需的力量，或者他人对他发号施令、让他俯首听命的权力。在他的灵魂中产生了要成长，要长得跟他人一样强壮，甚至比他人更强壮的愿望。支配那些聚集在他周围的人成了他生活中的主要目的，因为他的长辈们由于他的软弱而觉得对他负有义务，尽管他们的行为表现得好像他低人一等一样。于是，有两种可能的行动摆在了他的面前。一方面，他可以继续那些他觉得成人都在使用的活动和方法；另一方面，他可以表现出自己的软弱，同时让那些成人感觉到他的软弱，并觉得非帮助他不可。在儿童身上，我们会不断地发现这种精神倾向的分支。

在生命的早期，不同的性格类型开始形成。一些儿童的发展方向是获得权力和选择一种勇敢的技术，其结果是获得承认；另一些儿童则利用自己的软弱来投机，并力图用最多样的方式来表现这种软弱。我们只要回想一下某个儿童的态度、表情和举止，就可以发现他属于哪种性格类型。只有当我们理解了每种性格类型与环境的关系，才能说每种类型都有其意义。我们在任何一个儿童的行为中，通常都可以发现对环境的反映。

可教育性（educability）的基础是儿童努力地想补偿自己的软弱。成千上万的天才和能人的产生都是源于欠缺感的刺激。现在儿童的处境则截然不同。我们现在讨论的情况是：环境让儿童感到了敌对，这样的环境给他的印象是整个世界都是敌人的地盘。儿童之所以会有这种印象，是因为儿童思维过程的视角还不够完善。如果他所接受的教育不能预先阻断这一谬见，那么，这个儿童的灵魂就可能畸形发展，以至于他在以后岁月中的行为表现得好像整个世界真的都是敌人的地盘一样。一旦他在生活中遭遇更大的困难，这种敌对的印象就会日渐强烈。在有器官缺陷的儿童身上，这种情况常常发生。与那些出生时拥有相对正常的器官的儿童相比，有器官缺陷的儿童对待其环境的态度完全不同。器官缺陷可能表现为运动困难、单个器官的机能不全，或者整个机体的抵抗力很弱（其结果是常常生病）。

难以正视世界并不一定仅由儿童机体上的缺陷所引起。糟糕的环境对儿童提出的不合理的要求，或者提出这些要求时所采用的不恰当的方式所导致的后果类似于环境中的实际困难。一个渴望能够适应环境的儿童突然发现自己面临着重重的困难，尤其是当他成长在一个对自己已经失去了勇气的环境（这个环境充满了悲观主义的色彩并迅速地对儿童产生影响）中时，更是如此。

二、困难的影响

由于障碍常常从四面八方逼近儿童，因此，他不能总是做出恰当的反应也就不足为奇了。他的精神习性只有很短暂的发展时间，同时，他发现自己必须去适应一些不可改变的现实条件，而此时他的适应技能却尚未成熟。每当我们考虑自己对环境所做出的任何错误反应时，都会发现自己的灵魂在不断地做着发展的尝试，以求做出正确的反应，并且一生中都像做连续实验一样不断地取得进步。儿童的行为模式表现中引起我们特别注意的是，他在成熟过程中面对某一确定情境所做出的那种反应。他的反应态度使我们得以洞察他的灵魂。同时，我们必须认识到这样一个事实，即就像社会的反应一样，任何一个个体的反应都不能依据一种模式来评判。

儿童在其灵魂发展的过程中所遇到的障碍常常会阻碍或歪曲他的社会感。这些障碍有的来自于其物质环境方面的缺陷，如源于他在经济、社会、种族或家庭状况方面的不正常关系；有的则来自于其身体器官的缺陷。我们的文明是一种建立在健康体魄和器官健全发育的基础之上的文化。因此，重要身体器官有缺陷的儿童在解决生活问题时就会处于不利地位。很晚才学会走路的儿童、运动有困难的儿童、很晚才学会讲话的儿童，或者那些因大脑活动发育缓于正常儿童而显得笨拙的儿童，都属于这个类型。我们知道，这类儿童总是东碰西撞、手脚笨拙、动作缓慢，身体和心理上的痛苦成了他们的沉重负担。显然，这个世界并没有温柔地对待他们，这并不是一个为适应他们才形成的世界。因为发展方面存在的这些机能不全而导致的困难有很多。当然，如果在此期间，精神需要方面所遭遇的痛苦没有让儿童在日后的生活中感觉到失望的话，那么，随着时光的流逝，他们总有可能自然而然地得到补偿，且不会留下任何伤痕；此外，经济上的拮据可能会使事情变得复杂起来。有缺陷

8

的儿童很难理解人类社会的既定法则，这一点很容易理解。他们总是用怀疑和不信任的眼光看待身边出现的机会，并倾向于将自己隔离起来，逃避自己该完成的任务。对于生活中的敌意，他们尤其敏感，并且，他们会无意识地夸大这种敌意。他们对于生活中痛苦的一面的兴趣要远远地大于光明的一面。大多数情况下，他们对这两面的估计都过高，因此，他们一生中都采取一种好战的态度。他们要求得到别人的特别关注，当然，他们考虑自己远多于考虑别人。他们更多地将生活中的必要责任视为困难，而不是刺激。由于他们对同伴心怀敌意，因此，他们与环境之间的鸿沟不断拓宽。现在，他们在对待每一次经历时都异常得小心谨慎，而每一次与真理和事实的接触都只能让自己离它们越来越远，结果，他们只是不断地给自己增添新的困难。

如果父母没有以恰当的方式表现出对子女应有的温情，那么，这些子女也会面临相似的困难。不管什么时候，只要出现这种情况，就会给儿童的发展带来严重的后果。这个儿童的态度就会变得非常固执，以至于不能识别爱，也不能恰当地表达爱，因为他的温柔本能一直没有得到发展。对于一个在温柔感从未得到恰当发展的家庭中长大的儿童，我们很难激发出任何温柔的表示。他的整个生活态度是一种逃避的姿态，是一种对所有的爱和温柔的逃避。如果考虑欠周的父母、教育者或其他成人在教育儿童时，告诉他们爱和温柔不足取、太荒唐或缺乏男子汉气概，并给他们灌输一些有害的格言，也可能导致类似的结果。我们经常看到有人在教儿童时说：温柔是一种荒唐可笑的东西。在那些经常遭人取笑的儿童当中，这种情况更为常见。这些儿童非常害怕表现出情绪或情感，因为他们觉得，对别人示爱的倾向是荒唐的，是缺乏男子汉气概的表现。他们抵制正常的温柔，就好像这温柔会奴役他们或让他们丢脸一样。于是，在儿童早期，将爱的生活隔离开来的界限就设定好了。在接受了阻止并压抑所有温柔表现的野蛮教育之后，儿童便会从其周围的环境中退缩出来，并一点一点地丧失与周围环境的接触，而这种接触对他的灵魂来说是至关重要的。有时，身边某个人为他提供了一个和睦相处（concord）的机会；当发生这种情况，这个儿童就会与这个朋友建立极为深厚的关系。这就是为什么有的人长大后，其社会关系仅指向于某一个人，其社会倾向始终不能扩展开来以包括更多的人的原因所在。我们前面提到过的那个男孩便是这样一个例子，当他注意到母亲仅对弟弟表现出温柔，便觉得自己被忽视了，从而在往后的生活中始终四处徘徊、八方寻找，试图找到自己在童年早期未能得到的温暖和情感。这个例子恰当地说明了这种人在生活中可能会遇到的种种困难。不用说，这类儿童所接受的教育只能在强制状态下进行。

伴有太多温柔的教育与全无温柔的教育同样有害。娇生惯养的儿童和管教严格的儿童都会在艰难前行中遭遇重重困难。从产生开始，对温柔的需要就超越了所有的界限；其结果是这个备受宠爱的儿童会固执地依恋于某一个人或某几个人，并拒绝与他们分离。温柔的价值常常会因为种种错误的体验而得到过分强调，以至于儿童得出结论：自己的爱可以迫使周围的成人为他承担某些绝对的责任。这个目的很容易达到：儿童只要对他的父母说，"因为我爱你们，所以你们必须这样做或那样做"。这种社会教条（social dogma）常常在家庭这个圈子内滋长。儿童一旦发现别人身上有这种倾向，就会表现出更多的温柔，从而使别人更加依赖他。对家庭中某一特定成员的温柔感的爆发，必定会一直留在心中。毫无疑问，这种教育将会对儿童的未来产生有害的影响。他在以后的生活中将不择手段地为获得他人的温柔而努力。为了达到这个目的，他敢于使用一切现成的方法；他可能会试图征服他的对手（如他的兄弟或姐妹），或者靠着搬弄是非来打击他们。这样的儿童实际上可能会怂恿他的兄弟去做坏事，好让自己显得相对光彩、正直，从而得到父母的宠爱。他常常会给父母施加一定的社会压力，从而让他们把注意力都集中在他身上。为了达到这个目的，他会挖空心思，不遗余力地成为众人注意的焦点，直到显得比其他任何人都重要为止。有时候他会表现得很懒惰，专干坏事，而唯一的目的是想让他的父母围着他转，为他的事而忙碌；有时候他又会成为一个模范儿童，因为他认为得到别人的关注是一种奖赏。

在对这些手法进行了讨论之后，我们便可以得出结论：精神活动的模式一旦确定，任何东西都可以成为达到目的的手段。为了达到他的目的，儿童可能会朝着邪恶的方向发展；而为了同一个目的，他也可能成为一个模范儿童。我们常常可以观察到，有些儿童通过一些特定的无法无天的行为吸引他人的注意，而另一些更精于算计的儿童则往往通过一些美德善行来达到相同的目的。

我们也可以把备受宠爱的儿童归为这样的儿童：他们生活道路上的一切困难都被扫荡一空，他们的能力被他人以一种友好的方式贬低。他们从来都没有机会去面对责任。这些儿童被剥夺了一切为未来生活做必需的准备的机会。对于那些愿意与其交往的人，他们尚没有做好与之建立联系的准备；当然更不可能与其他一些人（这些人由于自己在童年时代所遭遇的困境和错误而有意给人际关系的建立设置障碍）建立联系了。这些儿童对生活全无准备，因为他们从来没有机会练习如何克服困难。他们一旦离开家庭这个小小王国的温室氛围，几乎注定要遭遇失败，因为他们找不到像宠爱他们的教育者那样愿意承担义务责任的人，也找不到他们已经习惯的那种程度的宠爱了。

所有这类现象都有一个共同之处：都或多或少地倾向于使儿童与社会隔离。肠胃系统有缺陷的儿童对于这种影响往往会采取一种特别的态度，结果，他们就会经历一个与肠胃系统正常的儿童完全不同的发展过程。有器官缺陷的儿童有着独特的生活方式，这种生活方式可能最终会迫使他们陷入孤立状态。还有一些儿童，他们不太清楚自己与环境之间的关系，从而在现实中竭力回避这种关系。他们找不到忠实的伙伴，所玩的游戏与其他同伴也不相同，他们要么嫉妒其同伴，要么看不上同伴所玩的游戏，而把自己关在屋子里专心致志地玩自己的游戏。在极其严格的教育压力之下长大的儿童，也会面临与社会隔离的威胁。生活在他们看来并非阳光普照、令人愉悦，因为他们预期生活中的一切都只会给他们不好的印象。他们要么产生这样一种印象，即他们必须忍受一切困难并低三下四地承受生活的悲苦；要么觉得自己像一名战士，随时准备投入与环境的战斗，而这个环境始终让他们觉得充满了敌意。这种儿童觉得生活及其任务太过艰难。不难理解，这种儿童大多会忙于捍卫自己的个人边界，以免自己的人格遭遇失败。我们可以预期，在他眼中，外部世界总是不友好。夸大了的警惕性使他背上了沉重的包袱，因为他总是倾向于回避所有更大的困难，而不是让自己勇敢地面对可能失败的危险。

这些备受宠爱的儿童还有一个共同的特点（这也是他们社会感发展

不完全的标志），那就是他们事实上为自己考虑得多，而为别人考虑得少。从这样一个特征，我们清楚地看到了他们朝向一种悲观主义世界哲学发展的全过程。除非他们能找到一种方法来纠正他们错误的行为模式，否则，他们便不可能获得幸福。

三、作为社会存在的人

在前面，我们已相当详尽地表明：只有把个体放到世界的特定情境中去看待他、评价他，我们才能理解他的人格。我们所说的情境，指的是他在宇宙中的位置、他对环境的态度，以及他对生活中的一些问题的态度，如职业的挑战、人际关系、与同伴的团结等在他的存在中所固有的东西。这样，我们便能断定，那些在婴儿早期以暴风雨般的冲击力给个体留下的印象，通常会影响他一生的态度。在儿童出生后几个月，我们就能断定他将与生活保持怎样的关联。在出生几个月后，我们就不可能混淆两个婴儿的行为，因为他们已经表现出了相当确定的行为模式，而且，这种行为模式会随着儿童的成长而日渐清晰。这种模式通常也不会再发生变化。儿童的精神活动会越来越多地受到其社会关系的渗透和影响。生而有之的社会感的最初迹象表现在他生命之初对于温柔的寻求，这种寻求使他竭力与成人亲近。儿童的恋爱生活（love life）总是指向他人，而不是像弗洛伊德所说的总是指向自己的身体。这些对性欲的追求在其强度和表现形式上因人而异。在两岁以上的儿童身上，这些区别可能表现在其语言上。只有在最为严重的精神病理性退化（psychopatho-logical degeneration）的压力之下，这种在此时已经牢牢植根于每个儿童灵魂深处的社会感才会离他而去。这种社会感通常会伴随他一生，在有些情况下它会发生改变、歪曲和受到限制，而在其他一些情况下，它则会扩大、拓宽，直至它不仅会涉及自己的家庭成员，而且还会涉及自己的家族、国家，最终还会涉及整个人类。它还可能跨越这些界线，朝着动物、植物、无生命的物体乃至整个宇宙表现出来。我们研究的一个基本结论是：必须把人理解为一种社会存在。一旦掌握了这一点，我们就获得了理解人类行为的重要助手。

第四章 我们生活的世界

一、我们宇宙的结构

由于每一个人都必须适应其环境，因此，他的精神机制便具有从外部世界接纳信息的机能。此外，精神机制还会依据对世界的一定解释，沿着人生之初就已确立的理想行为模式，去追求一个确定的目标。虽然我们无法用确定、精确的术语来表达对世界的这种解释和这个目标，但我们可以将它描述为一种始终存在的氛围，并且与机能不全感截然不同。只有在确立了某个固有的目标后，精神活动才有可能发生。众所周知，一个目标的确立通常以改变的能力和一定的运动自由为前提。由于运动自由而产生的精神富足的价值不应被低估。一个第一次在地上站立起来的儿童进入了一个全新的世界，就在那一秒，他通常会在某种程度上感受到敌意的氛围。在他最初的运动尝试中，尤其是他抬脚学习走路时，他体验到了各种不同程度的困难，这些困难可能强化也可能摧毁他对于未来的希望。一些在成人看来微不足道或寻常普通的印象也可能会对儿童的灵魂产生巨大的影响，并形成他对生活的世界的整个印象。因此，曾在运动方面遭遇过困难的儿童为自己树立的理想可能是洋溢着剧烈、迅速的运动；我们只要问一问他们最爱的游戏是什么，或者问问他们长大后想干什么，便可以发现这样的理想。通常情况下，这些儿童会回答说，他们想成为汽车司机、火车司机等——这清楚地表明了他们想克服所有阻碍其运动自由的困难。他们的生活目标是用完美的运动自由将其自卑感和障碍感全部去除。我们很容易理解，这种障碍感很容易出现在发育缓慢或身体多病的儿童的灵魂之中。同样，生来眼睛就有缺陷的儿童常常试图用更为强烈的视觉概念来改变整个世界。听觉有缺陷的儿童会对某些在他们听来更为愉悦的声调表现出浓厚的兴趣，简言之，他们变得"喜爱音乐"了。

在儿童用以征服世界的所有器官中，感觉器官最为重要，它决定着儿童与所处生活世界的基本关系。正是通过这些感觉器官，个体才建构了自己有关世界的图景。首先，接触环境的是人的眼睛，视觉世界强制性地引起每个人的注意并给他们提供主要经验资料。我们所生活的世界的视觉画面具有无可比拟的重要性，因为它应对的是持久不变的基础的东西，不像其他耳朵、鼻子、舌头、皮肤等感觉器官只能感受短暂的刺激。不过，有这样一些人：在他们身上，耳朵是占主导地位的器官。他们的精神信息库是以听觉资料为基础建立的。在这种情况下，灵魂可以说主要与听觉有关。我们偶尔也会发现一些人，在他们身上，肌肉活动占绝对的优势。还有的人，他们主要对嗅觉和味觉的刺激表现出浓厚的兴趣，而前一种，即对气味更为敏感的人，在我们的文明中处于相对不利的地位。另外，还有一些儿童，在他们身上，肌肉组织扮演着主要的角色。这类儿童来到这个世界时的主要特征是非常焦躁不安，这使得他们在儿童时期便处于无休止的运动之中，成年以后更是活动频繁。这种人只对一些肌肉运动扮演主要角色的活动感兴趣。他们甚至在睡梦中也表现出活动的迹象，任何人只要观察一下他们在床上焦躁不安地翻来滚去便可以证明这一点。我们必须把那些"坐立不安"的儿童（他们的坐立难安常常被视为一种恶习）归入这一类。通常情况下，我们可以说：任何一个儿童都是通过强化对某个器官或器官组织（不管是感觉器官还是运动器官）的兴趣，而开始探索这个世界的。每一个儿童都是根据他较为敏感的器官从外部世界来搜集印象，从而建构出一幅关于其所处世界的画面。因此，我们只有知道了一个人是用什么感觉器官或器官系统在探索这个世界，才能理解这个人，因为他所有的关系都会受到这一事实的影响。他的行动和反应通常会从我们所了解到的器官缺陷对他儿童期世界观的影响以及由此而产生的对他后来发展的影响中获得价值。

二、宇宙观形成的要素

决定我们所有活动的无时不在的目标也会影响那些特殊精神能力的选择、强度和活动，这些精神能力赋予宇宙观以形式和意义。这就解释了这样一个事实，即我们每个人都只能体验到生活的某一特定片段、某一特定事件，或者确实体验到我们生活的整个世界。我们每个人所看重的都只是契合于自己目标的东西。不清楚一个人内心暗中追求的目标，就不可能真正理解他的行为；如果不知道他的全部活动都会受此目标的影响，那我们就不可能对他行为的每一个方面做出评价。

（一）知觉

外部世界产生的印象和刺激通过感觉器官传送到大脑，并在那里留下一些痕迹。这些痕迹构成了想象的世界和记忆的世界。但我们绝不能将知觉与摄影影像相比，因为知觉不可避免地与知觉者某些特有的、独特的性格密切相关。人不能感知他所看到的一切。对于同一个情景，没有哪两个人会做出完全相同的反应；如果问他们感知到了什么，他们往往会给出相去甚远的回答。一个儿童在其环境中所感知到的只是那些符合其行为模式的东西（这种行为模式是之前由于各种各样的原因而早已确立的）。视觉欲望（visual desire）发展良好的儿童的知觉，通常具有一种显著的视觉特征。大多数人都很可能属于视觉型（visual-minded）。其他一些人则主要用听觉为自己创造关于这个世界的拼图。这些知觉不一定非要与现实完全一致。每一个人都有能力重新建构、重新安排他与外部世界之间的联系，使之适合于他的生活模式。一个人的个性和独特性在于他感知到了什么，以及他是如何感知的。知觉不仅仅是一种简单的生理现象；它还是一种精神机能，我们从中可以得出关于内心生活的最为深远的结论。

（二）记忆

灵魂的发展以知觉的事实为基础，并与活动的必要性密切相关。灵魂与人这个生物体的运动性（motility）有着固定的联系，其活动取决于这种运动性的目标和目的。人必须对其生活的世界的刺激和关系加以搜集和整理；而作为适应器官的灵魂，也必须发展所有那些在保护自身和积极维持自身生存中扮演重要角色的机能。

现在，很显然，灵魂对于生活问题的独特反应将在灵魂结构中留下痕迹。记忆和评价的功能受到适应必要性的支配。如果没有记忆，就不可能为未来做任何的防范。我们可以推断，所有的记忆都有一个隐藏于自身内的无意识目的。记忆不是偶然的现象，而具有明确鼓励和警告的作用。没有哪种记忆是无关紧要或毫无意义的。只有在确切把握了记忆推动的目标和目的后，我们才能对记忆做出评价。知道一个人为什么记住一些事情而忘记另一些事情，并不重要。我们记住了一些事件，而有关这些事件的记忆对某一特定精神倾向而言非常重要，因为这些记忆推动了某一重要的潜在运动。同样，我们往往会忘掉所有那些有损于某一计划完成的事件。因此，我们发现，记忆也从属于有目的的适应，而且，每一个记忆都受到指导整个人格的目标观念的支配。一个长久保持的记忆，即使是一个错误的记忆（就像儿童时期经常发生的情况，那时的记忆常常充满了偏见），也可能超出意识领域，表现为一种态度，或者表现为一种情调（emotional tone），或者出于实现预期目标的需要，它甚至会表现为一种哲学观点。

（三）想象

幻想和想象的产物最能够清楚地表现某一个体的独特性。我们所说的想象，指的是在引起感知的对象不在场的情况下的知觉再现。换句话说，想象是再现的知觉——这是灵魂具有创造性机能的又一证明。想象的产物不仅是知觉的重现（知觉本身也是灵魂之创造力的产物），而且是一种建立在知觉基础之上的全新的、独特的产物，就像知觉是在身体感觉的基础之上产生的一样。

在焦点（focus）的明确性方面远远胜过寻常想象的是幻想（fantasy）。这种幻想轮廓非常鲜明，以致它们不但具有想象产物的价值，而且还会影响个体的行为，就好像并不存在的刺激物真的存在一样。当幻想看起来就好像是实际存在的刺激的产物时，我们称之为幻觉（hallucinations）。幻觉产生的条件与产生幻想性白日梦的条件绝无二致。每一种幻觉都是灵魂的艺术创造物，根据某个特定个体的目标和目的塑造而成。让我们举个例子来对此加以说明。

有一个非常聪明的年轻姑娘违背父母的意愿结了婚。她的父母对她的婚姻非常恼怒，以至于和她断绝了所有关系。随着时间的推移，这位年轻女士越来越确信父母待自己不好。由于双方都骄傲、固执，许多重归于好的努力都付诸东流。这位年轻女士出生于一个受人尊敬的富裕家庭，但由于她的婚姻，她陷入了相当穷困的境地。不过，从外表上，没有人能看出她的婚姻关系有任何不幸的迹象。如果不是她的生活中出现了一个非常奇怪的现象，人们可能相信她已很好地适应了生活。

这姑娘一直是她父亲宠爱的孩子。父女关系非常亲密，以致目前的决裂显得更加引人注目。然而，她的婚姻导致父亲对她非常不好，父女之间的裂痕很深，甚至在她的孩子出生的时候，她的父母都没有动摇，没有来看看他们的女儿或看看孩子。父母的粗暴对待让她耿耿于怀，因为父母在她正需要照顾的时候，却对她持这样的态度，这刺伤了她的心。

我们必须记住，这位年轻女士的情绪完全受其野心的支配。正是这种性格特征，让我们得以洞察为什么与其父母的决裂对她产生如此深刻影响。她母亲是个严厉、正直的人，拥有许多优良的品质，虽然她一直用高压手段对待女儿。她知道如何顺从于丈夫（至少从表面上看是如此）而不会真正降低自己的身份。事实上，她会带着某种骄傲自豪的心理让人们注意到她的顺从，并视之为一种荣耀。在这个家庭中还有一个儿子，大家都认为他跟父亲是一个模子刻出来的，是家族的继承人。他比她更受重视这一事实，只会进一步激发她的野心。这个一生都在颇受父母庇护的氛围中接受教育的姑娘，在婚姻中体验到了困苦和贫穷，而现在，这使得她越来越生气并经常想起父母对她的虐待。

一天夜里，在她入睡之前，她发现门开了，圣母玛利亚走到她的床前，说："因为我非常爱你，所以我必须告诉你，你将会在 12 月中旬死去。我不想你毫无准备。"

这个幻影并没有让这位年轻的女士感到害怕，但她还是叫醒了丈夫，并将自己所见一五一十地告诉了他。第二天，她去看医生，并把这件事告诉了医生。这显然是一种幻觉。但她坚持说，对于所发生的一切，她看得非常清楚，听得非常真切。乍一看，这似乎不太可能，但当我们运用我们的关键知识来分析时，就更好地理解了。情况是这样的：这是一位极具野心的年轻女士，同时，正如分析所表明的，她具有支配其他所有人的倾向，与父母断绝了关系，发现自己陷于穷困潦倒之中。我们很容易理解，一个人如果想竭力征服生活中的一切，那他当然应该接近上帝并与之交谈。如果圣母玛利亚只是出现在想象中（如祈祷时的情形），那么，谁也不会觉得这事有什么特别值得注意之处，除非这位年轻女士能够找到更加强有力的论据。

当我们知道了灵魂能玩的各种小把戏之后，这一现象就完全失去了神秘性。这不是很多人在相似的情形下都做过的梦吗？事实上，其区别只在于：这位年轻女士可以睁着眼睛做梦。我们还必须补充一点：她的抑郁感使她的野心处在极大的压力之下。现在，我们意识到了这样一个事实，即实际上是另一位母亲来到了她的身边，而这位母亲在大众心目中是最为伟大的母亲。这两位母亲必须形成一定的对照。圣母之所以出现，是因为她自己的母亲没有出现。这一幻影的出现是她对自己母亲和她对女儿缺乏关爱的谴责。

这位年轻女士现在正想方设法证明自己的父母是错误的。12月中旬并不是一个无关紧要的时间。在每年的这个时候，人们更倾向于考虑自己更为深层的关系，此时，大多数人都会更诚恳地彼此亲近，赠送礼物，等等。也是在每年的这个时候，人们言归于好的可能性往往更大，这样我们就能理解：这个特殊的时间与她发现自己所处的窘境密切相关。

这个幻觉中唯一让人觉得奇怪的事情是：圣母的友好到来是要告诉这位年轻女士她的死期将至这一坏消息。她在跟丈夫描述这一幻象时用的几乎可以说是愉快的语调，这个事实也绝非毫无意义。圣母的预言很快在她的家庭小圈子中传了开来，医生在第二天也得知了此事：因而非常简单地就可以让她的母亲来看望她。

几天以后，圣母玛利亚再次出现，说了同样的话。当询问这位年轻女士她与自己母亲的会面结果如何时，她回答说母亲不承认做错了事情。因此，我们看到的依旧是老一套。她想要支配母亲的欲望还没有实现。

这时，我们曾力图让她的父母理解女儿生活中实际发生的一切，于是，安排了一场她与父亲之间的令人满意的会面。场面很感人，但这位年轻女士仍不满意，她说父亲的行为有些夸张做作。她抱怨说，父亲让她等得太久了！即使取得了胜利，但她依然不能摆脱这样一种倾向，即证明人人皆错，唯有她自己永远都是成功的胜利者。

从前面的讨论中，我们可以得出这样的结论，即幻觉通常出现在精神压力最大的时候，出现在人们害怕目标不可能实现的情形中。毫无疑问，在居民发展相对落后的地区和遥远的从前，幻觉对人有相当大的影响。

众所周知游记中对幻觉的描述。在沙漠中迷了路的人，又饿又渴又累，忽然看见了海市蜃楼，就是一个极好的例子。我们能理解，当生命危在旦夕时，巨大的精神压力会迫使人们通过想象为自己创造一个明朗的、使人精神为之一振的情境，从而躲避环境带来的让人不悦的压力。这里的海市蜃楼象征着一种新的情境，它对于疲惫不堪的人来说是一种鼓励，能重振其精神，使其下定决心，继续前进；或者从另一方面说，它又像是一种安慰剂或麻醉剂，能使人忘却恐惧带来的痛苦。

在我们看来，幻觉并不是什么新奇的东西，因为在知觉、记忆机制和想象中，我们已经看到过类似的现象。在考虑梦境的时候，我们还将看到与这些相同的过程。想象的增强，以及高级神经中枢判断功能的消失，都很容易导致幻觉现象的产生。在必要或危险的情况下，以及在人体机能受到威胁的高压处境中，人们通常会采用这种机制来消除并克服自己的软弱感。压力越大，就越少考虑批判的能力。在这样的情形下，在"全力自救"这一座右铭的激励下，人人都会调动他所有的精神能量，帮助他把想象投射进幻觉之中。

错觉（illusion）与幻觉密切相关，唯一的区别在于它仍保留着一些外部的联系，只是这种联系被曲解了，就像歌德的《魔王》（*Erlkönig*）中的情形一样。它们潜在的情形以及心理上的危机感，则是一样的。

还有一个例子可以说明在需要的时候，灵魂的创造力可以让人产生错觉或幻觉。有一个出身于显赫家庭的男人，由于学业不佳而一事无成，他做了一个无足轻重的小职员。他已经放弃了所有希望，觉得自己不可能有所成就。而这种无望让他背上了沉重的负担，朋友们的责备则更增加了他的精神压力。在这样的情况下，他开始酗酒，并很快从中得到了一种甜蜜的忘却感和失败的借口。不久，他因震颤性谵妄（delirium tremens）被送进了医院。谵妄（delirium）与幻觉有很密切的关系，在因酒精中毒引起的谵妄状态下，患者常常会看到老鼠、昆虫或蛇之类的小动物。与患者职业相关的一些幻觉也可能会出现。

这位患者被送到了强烈反对喝酒的医生手里。他们对他进行了严格的治疗，使他彻底戒掉了酒，病愈出院，三年来滴酒不沾。最近，他因为出现了新的问题而又回到了医院。他说他总是看见一个斜着眼睛、龇牙咧嘴冲他笑的人在一旁监视他工作。他现在在工地打工。有一次，那个人竟然嘲笑他，他盛怒之下，拿起铁锹向他扔去，他想看看他到底是真人还是仅仅只是一个幽灵。那个幽灵侧身躲开了铁锹，随即向他冲来，把他狠狠揍了一顿。

在这个病例中，我们再也不能说是什么幽灵了，因为那所谓的幻觉真的能以拳脚伤人。其实，答案不难找到。他一直有产生幻觉的习惯，只不过这一次他把这人当成了幻影。这就清楚地向我们表明，虽然他已经戒掉了酒瘾，但事实上，他在出院后的情形变得更糟糕了。他丢了工作，被赶出了家门，现在不得不靠在工地上打工养活自己，这在他和他的朋友们眼里是最为低贱的工作。他在生活中所承受的精神压力丝毫没有减轻。虽然他戒了酒（这是病愈给他带来的最大益处），但事实上却因为失去了原有的慰藉而变得更为不幸了。他在酗酒时，在酒精的助力下还能做原来的小职员工作，在家里人大声谴责他一事无成时，他还有借口说因为自己是个酒鬼，这个借口总比说自己没有能力保住工作要让他脸上光彩一些。痊愈后，他又再一次必须面对现实，这个现实的情形绝不比以前让他少感觉到一点压抑。现在如果他失败，他再也没有什么借口可以安慰自己，也没有什么好责怪的了，甚至酒精也不可以。

在这样的精神危机处境中，幻觉又出现了。他认为自己现在的处境与从前没什么两样，他还仍像个酒鬼一样看待这个世界，而且，他用这样一种姿态非常明确地告诉大家：酗酒已经毁掉了他的整个生活，现在已经没有任何挽回的余地了。他希望因为自己生病而摆脱令他大失体面并因而让他不快的挖沟工作，不再为此而不得不做决定。上述幻觉持续了很长时间，直到最后，他再次被送进了医院。现在，他可以用这样的想法来安慰自己：如果不是因为自己不幸染上了酒瘾，他一定能大有作为。这种方法使得他可以一直保持对自己人格的高度评价。对他来说，保持人格评价不下滑比保住工作更重要。他所有的努力都是为了让自己及他人始终相信：要不是因为被不幸的命运光顾了，他本可以成就一番大事业。正是这样一种证据，使得他能够在权力关系中保持平衡，并使他能够感觉到其他人并不比自己强，只不过是在他的前进道路上横着一个不可逾越的障碍罢了。他一直试图找到借口来安慰自己的心情，这使他产生了斜眼幽灵的幻觉；而这幽灵成了他自尊心的救星。

三、幻　想

幻想是灵魂的另一种创造性机能。在前面所描述的各种现象中，我们可以找到这种活动的痕迹。就像那些进入意识焦点的记忆的投射和想象之离奇上层结构的建立一样，幻想和白日梦也将被看作灵魂之创造性活动的一部分。预见（prevision）和预断（prejudgment）是任何运动的有机体都具有的一种基本机能，它是构成幻想的一个重要因素。幻想与人类有机体的可运动性有着密切的关系，实际上，它也只不过是一种预见和预知的方法而已。儿童的幻想和成人的幻想（有时被称为白日梦）始终关注的都是未来，其活动的目标是建造"空中楼阁"，以虚构的形式为现实活动建立一个典范。对儿童幻想的分析清楚地表明，对权力的追求在其中扮演着重要的角色。儿童常常在其白日梦中处理其野心勃勃的目标。他们的幻想大多以"我长大以后……"开头。也有许多成年人在生活中的表现就好像他们还要长大一样。对权力追求的明确强调，再次向我们表明，只有确立了某个特定的目标，灵魂生活才能得到发展。在我们的文明中，这个目标就是要得到社会的认可和出人头地。个体绝不会长时间坚持追求任何一个中庸目标，因为人类社会生活总是伴随着不断的自我评价，而这种自我评价必然会导致产生获得优越感的欲望和在竞争中取得成功的希望。儿童幻想中非常明显的预见形式，可以说几乎全部都是儿童权力得以表现的情境。

但我们在这里不能一概而论，因为我们不可能为幻想的程度或想象的范围规定一个尺度。我们前面说过的内容在很多情况下都是有效的，但对某些情形可能并不适用。那些以好战的眼光看待生活的儿童，其幻想力将会得到更大程度的发展，因为他们的好战态度会使其始终处于极强烈的紧张状态中，从而行事小心谨慎。虚弱的儿童（对他们来说生活总是不那么顺心），其幻想力也会得到较好的发展，而且他们往往具有一种沉迷于幻想的倾向，在发展的某个特定阶段，他们的想象能力可能会变成一种用来逃避现实生活的手段。幻想可能会被误用为一种对现实的谴责。在这样的情况下，它成了一种个体对权力的陶醉，他通过想象的虚构杠杆升华自己，使自己超越生活的平庸。

社会感和对权力的追求，也在幻想生活中扮演着重要的角色。在儿童期的幻想中，对权力追求表现为要将这种权力运用于某些社会目的。我们在以下这些幻想中可以清楚地看到这一特征：儿童幻想自己成为救世主、忠诚骑士、战胜邪恶势力或魔鬼的胜利者，等等。许多儿童常常幻想自己并非家中的父母所生。他们相信自己其实出生于另外一个家庭，有朝一日，他们的亲生父亲（一个有权有势的人物）会来带走他们。这种幻想常常发生在深感自卑的儿童身上，他们满脑子想着被剥夺的一切，于是被迫让自己退居幕后，表现得不引人注目，或者不满足于自己在家庭圈子中所得到的爱与温情。那些总是表现得好像自己已经长大成人的儿童，他们的外在态度暴露了他们渴望变得显赫的内心愿望。有时候，我们发现这种幻想会以几乎病态的形式出现。比如，有些儿童只戴圆顶硬礼帽，或到处捡烟蒂，好让自己看起来像个男子汉；再比如，一些希望自己是个男人的姑娘，她们常常让自己的言行举止、穿着打扮更像男孩子。

有些儿童被人说没有想象力，这显然是个错误。这些儿童要么是不愿意表现自己，要么就是有别的原因使他们不让自己的幻想表现出来。一个儿童通过压制他的想象，可能可以成功获得某种权力感。在受到压制并努力适应现实的过程中，这些儿童往往相信幻想会让自己有失男子汉气概或显得孩子气，因而拒绝沉湎于幻想之中；在有些情况下，这种对幻想的厌恶会发展到极点，以至于他们表面看起来好像完全缺乏想象。

四、对梦的一般考察

除了前面描述过的白日梦外，我们还必须讨论我们睡眠中发生的重要且富有意义的活动，即睡梦。一般而言，我们可以说，睡梦是白日梦的重演。老一辈经验丰富的心理学家们曾指出过这样一个事实，即通过一个人的梦，我们可以很容易解读出他的性格。事实上，有史以来，梦在很大程度上占据了人类的思想。和白日梦一样，在睡梦方面，我们关注的也是做梦者的活动：他在睡梦中也还在筹划、安排，将自己的未来生活导向一个安全的目标。二者之间最为明显的区别是：白日梦相对易于理解，而睡梦却很少有人能理解。睡梦难以被人理解，这一点也不令人奇怪，我们很容易就会认同这样的观点，即认为睡梦是多余且毫无意义的。我们暂且可以先这样说，一个寻求征服困难、保持自己未来地位的个体，他对权力追求的声音会回响在他的睡梦中。对于精神生活方面的问题，睡梦能为我们提供重要的理解突破口。

五、共情与认同

灵魂不仅有能力感知现实中实际存在的事物，而且还能对将要发生的事进行感知和推测。这种能力对于任何能够自由运动的有机体必需的预见功能来说，都是一个重要的贡献，因为人这个有机体总是要面对不断适应外界的问题。我们称这种能力为认同（identification）或共情。这种能力在人类身上发展得特别好。它的活动范围非常大，以至于在精神生活的每一个角落都可见其踪迹。预见的必要性是它存在的首要条件。如果我们被迫去预见、预断或预测：如果发生某一特定情形我们该采取怎样的行为，那我们就必须学会通过我们的思想、感觉以及知觉之间的相互关联，对仍未发生的情形做出合理的判断。赢得一个观点非常重要，这样我们就可以用更大的努力去处理新的情形，或加倍小心地避开它。

共情通常出现在人们相互交谈的时刻。如果在交谈时不能认同对方，就不可能理解对方。戏剧是共情的艺术表现。关于共情的其他例子还可以见于当某人注意到另一个人身处险境时所产生的一种奇怪不安的感觉。这种共情可能非常强烈，以至于他会无意识地做出防御动作，尽管他自己并没有危险。我们所有人都知道当某人摔坏杯子时，在场的其他人所做出的姿势！在保龄球场，我们经常可以看到有些运动员的身体随着球的滚动路线而移动，就好像他们想借着自己的身体移动来影响球的滚动路线一样！在足球比赛中，我们也能看到同样的情形：看台上的观众在他们喜欢的球队进攻时，常常会做出用力向前推进的动作，或者在对方球队进球时，做出抵御的姿态。有一种表现很常见：汽车上的乘客在感到危险迫在眉睫时，会无意识地做出踩刹车的动作。当有人在一栋高楼上擦玻璃，从底下经过的人大多都会做出某些紧缩身子和遮挡防御的动作。当某位演讲者乱了方寸，无法再讲下去时，场内的听众就会感到压抑和不安。尤其是在剧院内，我们几乎不可避免地使自己认同于剧中演员，很难不在自己内心之中扮演各种各样的角色。我们的整个生活在很大程度上依赖这种认同能力。如果要追溯这种在行动上和感觉上觉得自己好像是另外一个人的能力的起源，那我们可能会在与生俱来的社会感中找到其起源。事实上，这是一种宇宙感，是存在于我们内心中的整个宇宙之相互联系的反映；这是作为一个人不可避免的特征。它赋予了我们一种能力，让我们可以认同于自身之外的那些事物。

就像社会感有不同的程度一样，共情也有不同的程度。这些甚至在儿童身上也可以观察到。有些儿童醉心于他们的玩具娃娃，就好像这些玩具娃娃是真人一样，而另一些儿童则往往对自己的内心世界更感兴趣。如果将人与人之间的社会关系投射到不太有价值或无生命的物体上，那么个体的发展可能就会完全停止。如果不是几乎完全缺乏社会感，如果具有让自己认同于其他生物的能力，那我们经常看到的儿童虐待动物的事件就不可能发生。这种缺陷会导致儿童在成长为人的过程中，只对那些毫无价值或毫无意义的东西感兴趣。他们只考虑自己，对他人的喜怒哀乐完全不感兴趣。这些表现与共情能力的缺乏密切相关。缺乏让自己认同于他人的能力，可能会导致个体完全拒绝与其同伴合作。

六、催眠与暗示

"一个人何以能对另一个人的行为产生影响呢？"对于这个问题，个体心理学的回答是：这种现象是与我们的精神生活相伴随的表现之一。除非一个人能影响另一个人，否则，我们的社会生活都将不可能实现。

这种相互影响在某些情形下会变得特别突出，如师生关系、亲子关系、夫妻关系，就是如此。在社会感的影响之下，人在一定程度上都乐意受环境的影响。这种接受影响的乐意程度，通常取决于施影响者对受影响者权利的考虑程度。施影响者如果是在伤害受影响者，那他就不可能对他保持长久的影响。一个人要想对另一个人施加最大程度的影响，那他就要使对方感觉到自身的权利得到了保证。这是教育学中一个至关重要的观点。或许有可能构想出，或者甚至是实施某种其他形式的教育，但是一种将此观点纳入考虑范围的教育制度将会令人满意，因为它与人最原始的本能，即人与人、人与宇宙的关联感有密切的关系。

只有在应对某个有意使自己远离社会影响的人时，它才会失败。这种"远离"并非偶然发生。在此之前，必定发生过持久的斗争，在这个斗争的过程中，他与周围世界的联系一点一点地瓦解，以致现在他竟公然反对社会感。此时，对他的行为施加任何一种形式的影响都变得更为困难，甚至根本不可能。我们常常会看到这样一种戏剧性的场景：对于任何想要影响他的尝试，他都报之以反击。

我们可以预期，感觉自己深受环境压迫的儿童，会对其教育者施加的影响表现出一种敌对情绪。不过，在某些案例中，由于外部压力非常巨大，以致扫除了所有的障碍，因而权威的影响得以维持和服从。我们很容易就能证明：这种服从毫无社会价值。有时候，这种服从会以非常奇怪的形式表现出来，以致服从者无法适应生活。这些人已经习惯了这种卑躬屈膝的服从，如果没有他人的命令，他们就无法行动或思考。之所以说这种影响深远的屈从极其危险，是因为事实上这些儿童长大成人以后，往往会服从任何人的命令，甚至是服从要他去犯罪的命令。

在犯罪团伙中，我们经常可以看到一些十分有趣的例子。那些执行团伙命令的就属于这一类人，而团伙头目通常远离作案现场。几乎在所有涉及团伙犯罪的重大案件中，都可以找到这类唯命是从、充当爪牙的人。这种影响深远的盲目服从有时候发展到了让人不可思议的程度，以至于我们不时能发现一些人竟为自己的卑躬屈膝、奴性十足而感到骄傲，认为这是使其野心得到满足的途径。

如果我们仅局限于相互影响的正常情形，就会发现最有可能受到影响的是那些非常通情达理、极具逻辑判断能力的人，他们的社会感也极少受到歪曲。相反，那些渴望优越于他人、支配他人的人很难受到影响。每天的观察结果都告诉我们这样一个事实。

父母在抱怨孩子时，很少是因为他们的盲目服从。最为常见的抱怨是他们不服从、不听话。研究表明，这些儿童被禁锢在了一种想要使他们优越于周围他人的环境氛围中；他们拼命反抗，想要推倒这些束缚他们生活的围墙，但由于在家里受到了错误的对待，教育的影响已无法对他们产生作用。

一个人渴求权力的强烈程度与他能被教育的程度成反比。虽然如此，但我们的家庭教育大都依然专注于激发儿童的野心，唤醒其内心的凌云壮志。这种情况的发生并非由于父母欠缺考虑，而是由于我们整个文化都充斥着相似的夸大妄想。与我们的整个文明一样，在家庭中，最重点强调的也是：个体应该比其周围所有其他人都要更杰出、更优秀、更荣耀。在关于虚荣的章节中，我们将有机会说明：这种激发野心的教育方法对于社会生活而言是多么不适应，同时，野心又将给心智的发展带来多大的阻碍。

个人无条件服从的结果，是个体深受环境的影响，就像被催眠了一样。想象一下服从于他人的每一个奇思怪想，即使是很短的时间，将会是怎样的情形！催眠术（hypnosis）就是建立在与此相类似的基础之上。任何人都可以说，或者都相信自己愿意接受催眠，但实际上却可能缺乏服从于他人的精神准备。另一种人可能会有意识地加以抵制，但实际上却与生俱来地渴望服从。在催眠中，决定被催眠者行为的唯一因素是他的精神态度。至于他说了什么，或者相信什么，则无关紧要。由于分辨不清这一事实，人们对催眠术产生了许多误解。在催眠术中，我们常常看到，有些个体表面上看好像是在抗拒被催眠，但实际上却渴望服从催眠者的命令。这种渴望可能存在着程度上的不同，因而催眠的结果也因人而异。对被催眠的渴望程度完全不依赖于催眠者的意志。它完全取决于被催眠者的精神态度。

从本质上看，催眠与睡眠有些相似。催眠之所以让人觉得颇为神秘，是因为这种睡眠可以通过另一个人的命令而产生。这个命令只对乐于服从它的人才有效。其中的决定性因素依然是被催眠者或被试的天性和性格。只有那些乐意听从别人的命令，而不使用其批判机能（critical faculty）的人，才能进入催眠状态；催眠不仅仅只是普通的睡眠，因为它在很大程度上排除了运动机能，以至于运动中枢也完全受催眠者命令的调动。在这种状态下，被催眠者处于某种和平常睡眠一样的朦胧睡意中，只能记起催眠者允许他记起的事情。催眠中最为重要的事实是：我们的批判机能（它们是灵魂最精致的产物）在催眠过程中完全陷于瘫痪。可以说，被催眠者已经变成了催眠者一只延长的手、一个服从他命令的器官。

大多数具有影响他人行为能力的人，都将这一能力归为自己特有的某种神秘力量。这往往会导致巨大的危害，特别是在传心术（telepath）、催眠术等很有害的活动中，更是如此。这些人对人类犯下了如此滔天大罪，为了达到其险恶目的，他们不惜使用任何手段。当然，这并不是说他们的所有表现都是以欺骗为基础的。不幸的是，人这种动物很容易服从，在任何装出自己拥有特异神力的人面前，他们很容易就成了牺牲品。有太多的人都有不经验证便承认某一权威的习惯。大众都想被人愚弄。他们想被人的虚张声势给吓住，而不对此做理性的审视。这样的活动绝不会给人类社会生活带来任何的秩序，而只会接二连三地导致被欺骗者的反抗。没有哪个玩弄传心术或催眠术的人能够长期为所欲为。很常见的情况是：他们会遇到一个所谓的被催眠者，并被他骗得团团转。有时候，这正是那些想要在被催眠者身上显示其力量的权威科学家的经历。

在另一些情形中，真话和谎话奇怪地混杂在了一起：被催眠者可以说是个被骗的行骗者，他在某种程度上愚弄了催眠者，但又让自己服从于他的意志。在这里明显起作用的绝非催眠者的力量，而始终都是被催眠者的乐于服从。除了催眠者虚张声势、愚弄欺骗他人的能力之外，没有什么魔力能够影响被催眠者。任何习惯于理性生活的人，任何习惯于自己做决定的人，任何从来不会不加批判地轻信他人话语的人，自然都不会被催眠，因而也绝不会为传心术所惑。催眠术和传心术只对奴性十足的盲从者有效。

讲到这里，我们还必须谈论一下暗示（suggestion）。将暗示归入印象（impression）和刺激（stimuli）的范畴，最容易理解。不言而喻，没有哪个人只是偶尔受到刺激。我们所有人都一直处于外部世界产生的不胜枚举的印象的影响之下。我们绝不可能只感知一种刺激。某个印象一旦被感觉到，它就会持续不断地产生影响。当这些印象表现为另一个人的要求和请求（他的目的是说服我们接受他的观点）时，我们称为暗示。这种情形就是对被暗示者心中已存在的观点的改变或强化。真正难以理解的问题是这样一个事实：每个人对来自外部世界的刺激的反应各不相同。他受影响的程度和他的独立性密切相关。有两种人是我们必须记住的。一种人总是过高评估他人的观点，因而不管自己的见解正确与否，都看轻自己的见解。他们倾向于高估他人的重要性，并欣然地依从他们的见解。这些人特别容易受暗示或催眠的影响。另一种人把每一种刺激或暗示都视作侮辱。这种人认为只有他们自己的观点是正确的，而事实上对这些见解究竟正确与否并不关心。他们对其他人提出的观点一概漠然视之。其实，这两种人身上都存在一种软弱感。第二种人表现这种软弱感的方式是：不能接受其他人提出的任何东西。属于这一类型的人通常喜斗好战，虽然他们可能自称易于受暗示，并因此而感到骄傲。不过，他们谈论这种开放性和通情达理，只是为了强化他们的孤立状态。事实上，他们很难让人靠近，别人很难与他们共事。

第五章　自卑感与追求获得认可

一、儿童早期的情形

　　现在，我们无疑已经准备好了承认这样一个事实：具有先天缺陷的儿童与那些从小就享受欢乐生活的儿童，对待生活和同伴的态度是截然不同的。我们可以说这是一条基本法则：出生时就带有器官缺陷的儿童在很小的时候就被卷入一场痛苦的生存斗争，而斗争的结果往往只能导致他们的社会感陷于窒息。他们对适应自己的同伴毫无兴趣，而总是专注于自己以及自己给他人的印象。适用于器官缺陷的法则，对任何社会负担或经济负担（这些负担可能会表现为一种额外的重负）都同样有效，能够导致一种对世界的敌意态度。在很小的时候，这种决定性的趋势就被确定了下来。这样的儿童通常在两岁的时候就感觉到，不管怎样他们在竞争中都不如自己的同伴准备充分；他们在普通的游戏和娱乐中也不敢相信自己。由于在过去备尝艰辛，他们有了一种被忽视的感觉，而这种感觉又表现为一种焦急期待的态度。我们必须记住，每个儿童在生活中都处于劣势；如果不是家庭为他提供了一定量的社会感，他将无法独立生存。当看到每一个儿童的软弱与无助，我们就能意识到，每个人在生命伊始都或多或少带有一种深切的自卑感。或迟或早，每个儿童都会认识到，他无法单枪匹马地应对生活的挑战。这种自卑感是儿童努力奋斗的驱动力和起始点。它决定着这个儿童将以何种方式在生活中获得安宁与安全感，它决定着他的生活目标和实现这一目标准备前进的道路。

　　儿童可教育性的基础就在于这种特有的与生理潜能密切相关的处境。

有两种因素可能会破坏这种可教育性。一种因素是夸大的、强化了的、未得到解决的自卑感。另一种是这样一个目标：不仅要获得安全感、安宁和社会平衡，而且还要努力获得超越于周围环境的权力，这是一个想要支配同伴的目标。有这样一个目标的儿童，总是很容易就能被人认出来。他们慢慢就会变成"问题"儿童，因为他们觉得每一次经验都是一种失败，因为他们觉得自己总是被自然及他人忽略和歧视。我们必须将所有这些因素都考虑进去，才能认识到儿童生活中不可避免地会出现歪曲的、不适宜的、充满错误的发展。每个儿童都会面临错误发展的危险。每一个儿童迟早都会陷入了某种危险的境地。

因为每一个儿童都必须在成人的环境中长大，因此，他往往会认为自己很软弱、渺小，无法独立生活；他不相信自己能够不出状况、不犯错误、干净利落地去做那些别人认为他们有能力做好的简单工作。我们在教育上所犯的大多数错误都是从这里开始的。在我们要求儿童做超出他能力范围的事情时，儿童会产生无能为力感，因而感到羞愧难当。有些成年人甚至有意识地让儿童感到自己很渺小、很无能为力。还有一些儿童被当成了玩具、能活动的玩偶；也有一些儿童被当成了必须小心看护的贵重财产，甚至还有一些儿童被看成是一无是处、毫无价值的废物。父母及其他成年人的这些态度结合在一起，常常会导致儿童相信他只有两种力量：要么让周围的成年人快乐，要么让他们不快。因父母而产生的这种自卑感，可能会因为我们文明中的某些特有的特征而被进一步强化。不认真把儿童当回事的习惯就属于这一范畴。在这样的情形下，儿童会产生这样的印象：他是个无足轻重的人，没有任何权利；他是成人生活中的装饰，没有发言权，他必须殷勤谦恭，安安静静，如此等等。

许多儿童在害怕被人嘲笑的持续恐惧中长大。对儿童的嘲笑奚落几乎等同于犯罪。它往往会长期持续地对儿童的灵魂产生影响，并转化为他成年后的习惯和行动。一个小时候常常被人嘲笑奚落的成年人往往很容易识别；他无法摆脱对再次受人嘲笑的恐惧。不认真把儿童当回事这个问题的另一面是习惯于对儿童说一些明显的谎言，结果，儿童不仅开始怀疑他的周围环境，而且还开始质疑生活的严肃性和真实性。

我们曾记录过这样一些儿童的病例：他们总是嘲笑、蔑视学校，从表面上看似乎毫无理由，当追问其原因时，他们承认说，他们认为学校是父母开的一个玩笑，不值得认真去对待！

二、自卑感的补偿：追求获得认可和优越感

决定一个人存在目标的是自卑感、不胜任感和不安全感。让自己成为众人注意的焦点、迫使父母注意自己的倾向在生命伊始就已显露出来。在这里，我们发现，在自卑感的影响之下渐渐苏醒的想要获得认可的愿望初现端倪，其目的是要实现其目标，使该个体从表面上看优越于周围其他人。

社会感的程度和质量通常有助于确立获得优势地位的目标。不管成人还是儿童，如果不将他追求个人优势地位这一目标与社会感的强烈程度作比较的话，我们就无法对他做出判断。他的目标是这样定的：这一目标的实现能够保证他获得一种优越感，或者提高他对自我人格的评价，从而使生活看起来非常有价值。正是这个目标，为我们的感觉赋予了价值，将我们的各种情感联系到了一起并使其相互协调，激发着我们的想象力，引导着我们的创造力，决定着我们应该记住什么和必须忘记什么。我们能够认识到，感觉、感情、情感、想象是以何种方式具有相对值的，即使它们没有绝对的量（quantity）；我们精神活动的这些要素受到了我们追求某一确定目标的影响，我们的知觉因此也有所偏差，而且，可以说，会带着不为人知的细微迹象选择人格力求获得的最终目标。

我们通常会根据某一个固定的点来确定自己的方向，这个点是我们人为创造的，现实中并不存在，只是一种虚构。我们之所以必须做这样一个假设，是因为我们精神生活的欠缺。这与其他科学中所使用的那些虚构非常相似。比如，用根本就不存在但却极为有用的子午线来划分地球。在所有涉及精神虚构的案例中，我们都不得不这么做：我们都必须先假定一个固定的点，哪怕进一步的观察会迫使我们承认这个点其实并不存在。我们做这个假设的目的，仅仅只是为了在混乱的生活中为自己确定一个方向，这样我们就能够对种种相对价值有所认识。这样做的优点是：一旦这个固定的点被假定下来后，我们就可以据此对每一种感觉和每一种情感进行分类。

因此，个体心理学为自己创立了一套启发式的体系和方法：它重视人的行为，并认为这就像是一个最终的关系群，对某一确定目标的追求会对有机体的基本遗传潜能产生影响，这个关系群就是在这种影响之下形成的。不过，我们的经验表明，为某一目标而努力的假设，不仅仅是一种省事的虚构。它已经表现出与事实在很多根本点上都不谋而合，不管这些事实是存在于意识生活之中还是无意识生活之中。对某一目标的追求以及精神生活的有目的性，都不仅仅是一种哲学假设，实际上也是一个基本的事实。

当我们开始探究怎样才能最有效地阻止追求权力——我们文明中最大的邪恶——的发展时，才发现自己面临重重困难，因为这种追求在儿童还不容易理解的时候就已经开始了。我们只能尝试在儿童以后的生活中对此加以改善和澄清。但是，在这个时候与儿童生活在一起，并不能让我们有机会去发展他的社会感，从而使对个人权力的追求成为一个可以忽略不计的因素。

还有一个困难在于这样一个事实：儿童并不公开地表现出他们对权力的追求，而是将其隐藏在宽容、温柔的外表之下，躲在面纱后面展开活动。他们审慎地希望能借此方法避免暴露自己的心思。对权力毫无限制地追求，会导致儿童精神发展的退化，追求安全感和权力的驱力一旦变得过大，就有可能变勇气为鲁莽，变服从为懦弱，变温柔为统治这个世界的狡猾背叛。每一种自然的感情或表现最终都伴随一种虚伪的"事后聪明"，其最终目的是要征服周围的一切。

教育通过有意识或无意识地想要补偿儿童的不安全感这一愿望，通过教会他生活的技能，通过训练他的理解力，以及使他具备一种对同伴的社会感，从而对儿童产生影响。所有这些措施，无论其源自何处，都是为了帮助成长中的儿童摆脱不安全感和自卑感而采取的手段。在这个过程中，我们必须根据儿童表现出来的性格特征来判断他灵魂中发生的事情，因为这些性格特征是反映他灵魂活动的镜子。虽然一个儿童身上真实存在的劣势（inferiority）对于他的心理发展状况而言至关重要，但这绝不是衡量他的不安全感和自卑感的标准，因为这在很大程度上取决于他如何理解不安全感和自卑感。

我们不能期待儿童在任何特定的情境中都能对自己做出正确的评价，即使成年人也做不到这一点！正是从这里开始，困难也快速增加。儿童会在非常错综复杂的情境中成长，因此，他对自身自卑感程度的错误估计将绝对不可避免。另一些儿童也许能更好地理解自己的处境。但总的来说，儿童对其自卑感的理解每天都在发生变化，直到最后固定下来，并表现为一种明确的自我评价。这会成为儿童在其所有行为中都会保持的"恒定的"自我评价。根据这个具体化的标准或"恒定的"自我评价，儿童创造出来使自己摆脱自卑感的补偿趋向将指向这个或那个目标。

灵魂试图平衡令人痛苦的自卑感而寻求补偿的机制，在有机界有类似的现象。众所周知这样一个事实，即当我们身体的重要器官受到损害，其生产能力（productivity）降低到正常状态之下时，这个器官就会出现过快生长（over growth）和功能强化（over function）。因此，心脏在血液循环不畅时，似乎可以从全身吸取新的力量，不断地扩充自己，直至比正常的心脏更为有力为止。同样，在自卑感的压力之下，或者个体在认为自己渺小、无助的痛苦想法的折磨下，灵魂会竭尽全力征服这种"自卑情结"，成为自己的主人。

当自卑感增强到一定程度，以致儿童害怕自己将永远都不能补偿自己的软弱时，危险就出现了：他在寻求补偿的过程中，将不会满足于简单地恢复权力平衡，他会要求获得一种过度补偿（over-compensation），寻求一种衡量标准的失衡。

对权力和支配地位的追求可能会被极端夸大和强化，我们可以称为病态表现。当这种情况发生时，普通的生活关系便再也无法令人满意了。这些情形下的运动很容易会表现出某种夸张的姿态。它们很好地适应了其目标。在研究病态的权力驱力时，我们发现。这些个体为了确保自己在生活中的安全处境，付出了超乎寻常的努力，他们更迫不及待，更缺乏内心，有着更为强烈的冲动，而且很少考虑到其他任何人。这些儿童的行动之所以更引人注目，是因为这是他们为了实现支配他人的夸大了的目标而做出的夸张的运动。他们对他人生活的攻击，使得他们必须保卫自己的生活。他们和这个世界分庭抗礼，世界也和他们势不两立。

最糟糕的情况倒并不一定会发生。有些儿童在表达他们对权力的追求时，并非故意要和社会发生直接的冲突，他们的野心也让人看不出有什么不正常的特征。然而，当我们仔细探究他们的活动和成就后，就会发现，总的来说社会并没有从他们的成功中获得任何利益，这是因为他们的野心是一种以自我为中心的野心。而且，他们的野心还总是会让他们成为他人前进道路上的障碍。渐渐地，其他特征也将显现。如果我们从整个人类关系来考察，就会发现，这些特征将日渐呈现出反社会的色彩。

在这些表现中，排在前面的是骄傲、虚荣，以及不惜一切代价征服他人的欲望。后者可能会由于个体地位的相对提高，由于他对所有与他接触的人的轻视、反对态度，而微妙地得以实现。在后一种情形中，重要的是将他与他的同伴分隔开来的"距离"。他的态度不仅让周围的人不悦，而且也会让自己不舒服，因为这种态度总是让他接触生活的阴暗面，使他无法体会到生活中的任何乐趣。

一些儿童希望用夸大的权力驱力来确保自己享受超越于周围他人的声望，但这种驱力很快就会迫使他们对日常生活中的普通工作和职责采取一种抗拒的态度。将这种渴求权力的个体与理想的社会存在做一对比，我们仅凭少量的经验就可以详细说出他的社会指数（social index），也就是他使自己远离其同伴的程度。一个对人性具有敏锐判断力的人，会始终关注着生理缺陷和自卑情结的重要性，他清楚地知道，如果在个体灵魂发展的进程中没有这些之前就已出现的困难，个体就不可能形成这样的性格特征。

当我们承认了在灵魂正常发展过程中有可能会出现的种种困难所具有的重要性，并在此基础之上真正地理解了人性，那么，只要我们让自己的社会感得到完全的发展，这种知识就绝不会成为一种害人的工具。相反，我们用它只会来帮助我们的同伴。对于那些有生理缺陷的人或具有令人不悦的性格特征的人表现出来的愤怒，我们不能加以责备。这不是他的责任。事实上，我们必须承认，他有充分的权利来表达自己的愤怒，而且，我们还必须意识到，对于他的处境，我们也负有一部分的责任。受责备的应该是我们，因为我们未能以充分的警惕性来防止导致其处境的社会悲剧发生。如果我们坚持这一立场，就能最终改善这种状况。

我们不能把这样的人视为堕落的、毫无价值的无赖，而应把他当成我们的同胞。我们应该给他们创造一种氛围，让他觉得自己有可能与周围的其他人一样，彼此是平等的。设想一下，一个有外部器官缺陷或身体缺陷的人站在你面前，会让你感到多么不愉快！这是衡量你需要接受多少教育，才能对社会价值保持一种绝对的公正感，并使你自己与真正的社会感保持完全和谐一致的良好尺度。另外，我们也可以借此判断我们的文明在多大程度上应该归功于这些个体。

不言而喻，那些生来就有器官缺陷的人从出生伊始，就感觉到了一种额外的生存负担，结果，他们发现自己在看待有关生存的整个问题时都显得极为悲观。那些因为这样或那样的原因而使其自卑感变得更加强烈的儿童（尽管他们的器官缺陷并没有那么明显），也会有类似的感觉。自卑感可能会因为人为的原因而变得非常强烈，以至于其结果就好像这个儿童一出生就有严重的缺陷一样。比如，在这个关键时期，严厉的教育就有可能导致此种不幸的结果。在儿童生命早期留下的创伤，往往永远都不可能消失，而他们所遭受的冷漠无情的境遇往往会妨碍他们接近周围其他人。因此，他们认为自己生活在一个没有爱、没有情感的世界中，而他们和这个世界也没有任何共同的接触点。

例如，有一个患者，他很引人注目，因为他总是不厌其烦地跟我们讲他强烈的责任感，以及他所有行动的重要性，他和妻子生活在一起，夫妻之间的关系已经到了不能再坏的地步。这个例子中的这两个人都把对每一件事情的价值衡量当成是征服对方的一种手段，甚至在讨论头发的粗细时也是如此。互相争吵、相互责怪、侮辱对方，最终，不可避免的结果就是彼此完全疏远。丈夫仅存的那一点点对同伴的社会感，已经被扼杀在他对优越感的渴求中了，至少对他的妻子和朋友而言是如此。

我们从他对自己生活经历的叙述中已经了解到了下面这些事实：他在 17 岁以前，身体几乎一直处于未发育状态。他的嗓音就好像是一个小孩子发出的声音，没有体毛，没有胡子，他还是全校最矮小的学生之一。现在，他 36 岁了。从外表上，我们完全看不出他有任何阳刚不足的特征，大自然似乎已经迎头赶上，完成了在他 17 岁以前几乎从未为他做过的一切，让他从稚嫩的小男孩变成了阳刚的男子汉。但在这之前有整整八年的时间，他一直因为这种发展的失败而备受折磨，在那个时候，他无法确知大自然是否会补偿他的生理性异常。在这整整八年的时间里，他一直受着"自己必将停留在'儿童状态'"这一想法的折磨。

早在那个时候，我们就能看到他现在表现出来的这些性格特征的端倪了。他总是表现出一副好像自己非常重要的样子，好像他的每一个举动都极具分量。他的一举一动都是为了使自己成为众人注目的焦点。随着时间的流逝，他逐渐形成了我们今天在他身上看到的那些性格特征。结婚以后，他一直不断地忙着给妻子留下这样的印象：他事实上真的比她所认为的更了不起、更重要；而妻子却总是忙于向他证明：他对自我价值的评价不符合实际！在这样的情形下，他们的婚姻几乎不可能顺利地发展，最终只能结束在一场"社会大灾难"中（甚至在订婚的时候，他们的关系就已经出现了破裂的迹象）。正是在这个时候，这个患者前来求医——因为婚姻的破裂使他本就受过打击的自尊心变得更加伤痕累累。要想痊愈，他必须先从医生那里学会如何理解人性，他必须学会如何正确评价自己在生活中所犯的错误。正是因为这个错误，正是他对自身劣势的错误评价，影响了他至今为止（到前来接受治疗为止）的整个生活。

三、人生的曲线图和宇宙观

我们在说明这些病例时，通常最为简洁方便的方式是表明童年期印象与患者表现出来的实际病症之间的关系；而最好的方式是用类似于数学公式的曲线图来表示这种关系。连接两个点的线就代表这个方程式。我们在许多病例中都将能够成功地绘制出这个生活曲线图，这是个体身上所发生的整个运动的精神曲线。这条曲线的方程式就是这个个体从儿童最早期就开始遵循的行为模式。或许有些读者会认为我们是在试图用过分简单化的方式贬低人类的命运，或者认为我们倾向于否认每一个人都是他自己生活的主人，并因而认为我们是在否认自由意志和判断。就自由意志而言，这一谴责是对的。事实上，我们确实认为这种行为模式（虽然行为模式的最终形态会有某些微小的变化，但其实质内容、能量和意义从童年最早期开始便始终保持不变）是决定性的因素，尽管与紧接于儿童境遇之后的成人环境的关系可能会在某些情况下使其发生改变。

在考察中，我们必须找出儿童最早期的经历，因为婴幼儿早期的印象标示着儿童以后发展的方向，以及他在以后对生存挑战做出反应的方向。儿童在对生存挑战做出反应时将会用上他在以往生活中发展起来的心理潜能；他在婴幼儿最早期所感受到的特殊压力将给他的生活态度附上某种色彩，并以一种原始的方式决定着他的世界观和宇宙哲学。

人们对生活的态度从其婴幼儿时期开始通常就不会发生改变，尽管在以后的生活中其表现方式会与婴幼儿时期大不相同，得知这一点并不让人觉得吃惊。因此，重要的是要把婴儿放进让他难以形成错误生活观念的关系之中。在这个过程中，他身体的力量和抵抗力是一个重要的因素。他的社会地位以及那些教育他的人的性格特征也差不多同样重要。虽然在生命伊始，个体对生活的反应是自动性的、反射性的，但在往后的生活中，典型反应却由于某种目的而有所变化。一开始，个人需要的因素会决定个体的痛苦和欢乐，但后来他获得了能力，可以躲避和规避这些原始需要的压力。这一现象通常出现在自我发现的时候，也就是大致在儿童开始会用"我"来指代他自己的时候。也正是在这个时候，儿童已经意识到他与周围环境形成了一种固定的关系。这种关系绝非中立的关系，因为它总是迫使儿童根据其世界观以及他有关幸福和完美的理解对他提出的要求，而采取不同的态度，并调整他的关系。

如果我们再强调一次我们在讨论人类精神生活之目的时所说的内容，那我们就会越来越清楚地认识到，一个坚不可摧的统一体必定是这种行为模式的专用记号。我们在治疗的时候必须只能将人看成统一的人格，在那些患者表面上似乎表现出截然相反之精神趋向的案例中，这一必要性变得越来越明显。有些儿童在学校和在家的行为截然相反，就好像有些成年人，他们表面上的性格特征与真实性格恰恰相反，以至于我们弄不清他的真实性格是什么。同样，两个人的动作和表现从外表上看可能完全一致，但当我们深究其潜在的行为模式时，就会发现，他们有着天壤之别。当两个个体看起来好像在做同一件事，他们实际上是在做着完全不同的事，而当两个人看起来好像在做不同的事，实际上他们做的可能是同一件事！

　　由于可能存在许多不同的意义，因此，我们绝不能断定精神生活的表现是一种单一的孤立现象；相反，我们必须根据它们所指向的那个单一目标（unit goal）来对它们做出评价。只有知道了一个现象在个人生活的整个背景中所具有的价值，我们才能了解它的基本含义。只有再次确认了个体的每一种生活表现都是他的单一行为模式的一个方面这条法则，我们才有可能理解他的精神生活。

　　当我们最终认识到所有人类的行为都是以追求某个目标为基础，并且这些行为自始至终都受着这个目标的制约，我们也就能理解在哪个地方可能存在着犯最大错误的可能性了。这些错误的根源在于：我们每个人都是根据自己特定的模式，从强化个人生活模式的意义上，来运用自己的成功和精神资源的。这种情况之所以可能发生，仅仅是因为我们从不检验任何事情，而只是接收、转化和吸收来自我们意识阴暗面和无意识深渊的所有感知。只有科学才能阐明这个过程，并使人们能够理解这个过程，也只有科学才能最终改变这个过程。我们将用一个例子来总结我们有关这一点的阐述，在这个例子中，我们将运用已经学到的个体心理学概念来分析、解释每一种现象。

　　一位年轻的女士来看医生，抱怨自己对生活有着难以抑制的不满，她自己觉得，这种不满来自于她整天因为大量各种各样的事务而忙得团团转这一事实。从外表上，我们能看出她是一个性急的人，她的眼睛不停地转动，她抱怨说，不管什么时候，即使只需要做一件非常简单的事情，她也会非常焦躁不安。从她的家人和朋友那里，我们了解到，她把一切都看得太重，而且，繁多的家务似乎让她有些不堪重负。我们对她的总体印象是：她是一个把一切都看得太重的人（这是很多人所共有的一个特征）。她家的一位成员说的话为我们提供了线索，他说："对一切事情，她都是小题大做，大惊小怪。"

　　我们可以尝试想象一下：这种将每一项简单工作都看成是特别困难、特别重要的工作的行为，将会给周围其他人或将在婚姻关系中给人什么样的印象，并据此对该行为倾向进行分析。我们不禁产生这样一种感觉：这种倾向就好像是在发出恳求，恳求周围他人不要再强加给她任何其他工作，因为即使是最为基本简单的工作，她也承担不了了。

我们对这位女士人格的了解还不够充分。我们必须刺激她更进一步地表现出她的自我。在做这种考察时，我们必须旁敲侧击，适可而止，谨慎敏锐，不能有任何想支配患者的企图，因为这只会激发她的好战心理。一旦让她树立起信心，并给她谈话的机会，我们便能逐步得出结论：她整个人生都只关注于唯一一个目标。她的行为表明，她正试图向某个人（这个人很可能就是她的丈夫）证明她再也承担不了任何其他的义务或责任了，她必须受到细心对待和脉脉温情。我们还可以进一步推断和猜想，这一切必定发端于过去的某个时候，而且那时她就必定提出过这样的要求。我们成功地促使她证实了这一点：多年以前，她曾有一段时间最渴望得到的就是脉脉温情。现在，我们就能更好地理解她的行为了；这是她想要得到体贴照顾之愿望的进一步强化，也是她为阻止再次出现过去的情境，即她想要得到温暖和爱的渴望无论如何都未能得到满足，而做出的努力。

我们的发现在她对过去的进一步解释中得到了证实。她告诉我们，她有一个朋友，这个朋友在很多方面与她截然相反，婚姻不幸，并希望逃离这种婚姻生活。有一次，她去见她这个朋友，当时只见朋友手里拿着一本书，站在她丈夫面前，用一种厌烦的语气跟丈夫说，她真的不知道自己能不能准备当天的晚餐。这使得她的丈夫非常恼火，因此他很严厉地批评了妻子的整个人格。对于这件事情，患者补充道："当我想起这件事情，我想我的方法要好得多。没有人会用这样一种方法来责怪我，因为从早到晚的工作已经让我负担过重。在我家，如果午餐没有按时准备好，谁也不会对我说什么，因为我总是那么忙，总有那么多事情要做。难道我现在要放弃这种方法吗？"

我们能理解她心里在想些什么。她试图用一种相对无害的方式来获得某种优越感，但同时又通过不断渴求得到他人的温柔对待，从而免受责怪。既然这种方法是成功的，要她放弃看起来似乎有些不合情理，但她行为的含义远不止于此。她对温柔的诉求（这同时也是一种想要控制、支配他人的企图）永远没有止境。而这常常会引发各种各样的矛盾。如果家里有什么东西找不到了，结果必然是"一连串的无事生非"；紧接着，她就会有太多的事情要做，以至于她常会犯头疼病，夜里也总是睡不安稳，因为她需要让自己的一切活动都井然有序。接到请柬对她来说是一件非常重要的事情。她需要为此做许多的准备。既然这样一件最为简单的事情对她来说都是非同寻常的大事，那么，到别人家做客就更是难上加难了，她需要数小时甚至几天的时间才能做好准备。我们可以很肯定地做这样的预测：她要么会因为不能前往向对方表示道歉，要么至少会迟到。在这种人的生活中，社会感绝不会超过某个限度。

在婚姻生活中，有些关系会由于这种对温柔的诉求而具有特别的重要性。比如，我们可以想象，丈夫必然会因公出差、单独出去拜访别人，或者出席他所属的社交聚会。如果他在这种时候把妻子一个人留在家里，不是会破坏妻子所需要的那种温柔和体贴吗？我们可以说一开始是这样，而且通常情况下事实就是这样，婚姻关系让妻子有理由尽可能地将丈夫留在家中。从某种程度上说，该义务看起来好像是一件乐事，但实际上，对于任何有职业的男人来说，这都是无法忍受的。在这样的情况下，不和谐的出现将是不可避免的。在我们的案例中，不和谐很快就出现了。丈夫有时候很晚才上床睡觉，他很谨慎地不打扰到妻子，但却吃惊地发现她还醒着，并向他投来责备的眼神。

在此，我们不需要一一描绘众人所熟知的所有这类情形。我们也不应该忽略这样一个事实：我们讨论的并不是女人专属的小毛病，因为许多男人也持类似的态度。我们在这里所关注的仅仅是要表明：对获得特别体贴照顾的要求，有时候也可能会以不同的方式表现出来。在我们的案例中，就常出现下列情形：如果某个时候丈夫不得不在外面过夜，他妻子就会跟他说，既然他很少出入社交场合，那么他就可以不用回来得太早。虽然她是用打趣的语气说的这番话，但其用意是非常认真的。这番话看起来好像否定了我们前面所获得的印象，但只要仔细观察一下，我们便可看出二者之间的关联。这位妻子很聪明，没有对她丈夫采取严厉的举动。从外表上看，她绝对让人着迷。她的性格也没有什么缺点瑕疵，只是她的心理思维方式让我们很感兴趣。这位妻子对丈夫说的那番话事实上是她所发出的最后通牒。现在，既然她已经允许他在外面待到很晚，那如果他因为自己的原因而这么做，她就会感到自己受到了极大的伤害和冷落。她的话给整个情境披上了一层面纱。她成了夫妻关系中起主导作用的一方，而她的丈夫，虽然只是在履行自己的社会义务，但也得依赖妻子的愿望和意志。

现在，让我们将这种对特别温情的渴望与我们新获得的概念（这个女人只有在她自己发出命令时，才能够忍受某种情形）联系到一起。我们突然就意识到，她在一生中都受着一种绝不屈居第二的冲动的驱使，她要永远保持支配的地位，绝不能让任何的责备将她挤出安全的位置，她必须让自己在她的小环境中始终保持中心的地位。我们将会发现，她在每一个情境中都会表现出这样的举动。例如，在她不得不找一个新佣人时，她表现得高度兴奋。显然，她一心想知道的是：她能不能像支配原来那个佣人一样来支配这个新佣人。同样，当她准备离开家门出去散步时，她离开了无条件接受她支配的安全领域，走进了外部世界，来到大街上，在这里，突然一切都不受她的控制和支配，她必须避开每一辆汽车，实际上她在这里扮演了一个非常顺从的角色。当理解了她在家里实施的专横管制，那么我们就能非常清楚她现在如此紧张的原因和意义了。

这些性格特征可能常常会以一种令人愉悦的方式表现出来，以至于我们乍一看，绝不会想到这个人正经受痛苦折磨。另外，这种痛苦折磨也可能会达到非常高的程度。试想一下这种紧张被夸大、放大时的情形。有些人害怕乘坐有轨电车，因为在有轨电车上，他们不再是自己意志的主人，这种情形有可能会发展到很极端的地步，以至于他们最终根本无法离开家门。

在我们这个案例中，我们还看到了一个关于儿童期印象对个体生活产生影响的颇具启发性的例子。我们无法否认，这位女士从她自己的立场看没有任何不对；如果一个人的态度和他的一生都以闻所未闻的强度，指向于获得温暖、尊重、荣誉和温情，那么，表现出一副好像总是负担过重、精疲力竭的样子，不失为达到该目的的好方法。其他没有哪种方法可以像这样总能让她避开批评，同时迫使周围他人对她温柔相待，并避免一切有可能破坏这本就摇摆不定的精神平衡的东西。

如果我们往前追溯这位患者的生活历程，就会发现，她甚至在上学的时候就已经有了这种倾向：每当她完不成家庭作业，她就会变得异常兴奋，并用这种方式迫使老师对她非常温和。关于这点，她还补充说，她是家中三个孩子的老大，下面还有一个弟弟和一个妹妹。她经常和弟弟发生冲突。因为家里人总是偏爱他。而让她特别愤怒的是，大家总是更关注弟弟的学习成绩，而对她的优异成绩（她原先是个好学生），大家却漠不关心。最后，她几乎再也不能忍受了，老是抱怨说为什么她的优异成绩不能得到公平的评价。

由此我们便可以理解，这个小姑娘是在追求平等，而且从童年时代的最早期开始，她就已经有了自卑感，并一直试图克服这种自卑感。她优异的学习成绩没能给她带来补偿，以致她慢慢变成了一个坏学生。她试图通过糟糕的成绩来超过弟弟！这些没有任何的高尚伦理道德可言，但是，在她幼稚的心灵中，她这样做是合乎情理的，因为在她这样做后，父母相比以前更关注她了。她的一些小伎俩必定是有意识的，因为她清楚明确地宣称，她当时想成为一个坏学生！

然而，她的父母一点也没有因为她的学习成绩不好而烦恼。这时，一件有趣的事情发生了。她的学习成绩突然出现了明显的进步，因为这个时候，一个新的角色——她的妹妹——登场了。这个妹妹的学习成绩也不好，但母亲因为妹妹成绩不好而操的心与对弟弟的操心程度是一样的，这其中的特殊原因在于，我们这位患者只是学习成绩不好，而她的妹妹不仅学习成绩不好，品行表现也不及格。因此，她自然毫不费力地获得了母亲更多的关注，因为品行表现不好与只是学习成绩差相比，二者的社会影响是完全不同的。妹妹的这种情况特别紧急，父母不得不把更多的注意力放在她的身上。

争取平等的战争暂告失败。争取平等之战的失败绝不会带来永久的和平。没人能忍受这样的局面。从此，我们不断发现形成她性格的新倾向和活动。现在，我们就能更好地理解她的小题大做、总是匆匆忙忙，以及想要表现出自己压力很大的含义了。这些最初是做给她母亲看的，意在迫使父母能像对弟弟、妹妹一样地关注她；同时，这也是对她父母的一种责备，责备他们偏爱弟弟、妹妹，而对她不好。那个时候形成的基本态度一直保持到了今天。

我们甚至可以再往前追溯，深入她更早的生活。她特别清楚地记得童年时发生的一件事情，当时她想用一块木头去打她那刚刚出生的弟弟，幸亏母亲小心谨慎，否则造成的伤害就大了。那时，她才三岁。这个小女孩（甚至在那个时候）已经发现，她之所以受到忽视，之所以父母对她的评价不高，是因为她只是一个女孩。她非常清楚地记得，她曾无数次地表达出自己想成为一个男孩的愿望。弟弟的诞生不仅将她挤出了温暖的安乐窝，而且尤其让她感觉受到了侮辱，因为弟弟是男孩，他受到了她从来都没有受到过的良好待遇。在她努力追求补偿这一缺陷的过程中，她偶然发现了一种方法，那就是：总装出一副自己在工作上已不堪重负的样子。

现在，让我们来阐释一个梦，以表明这种行为模式在她的灵魂中是多么根深蒂固。这位女士梦见自己在家中跟丈夫讲着话，但她丈夫看上去不像个男人，反倒像个女人。这个细节就象征了她用来处理自身一切经验和一切关系的模式。这个梦意味着她找到了与丈夫平等的地位。他不再是像她弟弟那样高高在上的男人，而已经是个女人了。他们之间没有地位上的不同。在梦中，她实现了自童年时代一直希望实现的愿望。

这样，我们就成功地将一个人灵魂生活中的两个点连了起来。我们发现了她的生活方式、生活曲线以及行为模式，据此，我们便可以得到一幅关于她的统一画面。总结起来就是：我们在这里所探讨的是一个用温和的手段，努力追求扮演支配性角色的人。

第六章　生活的准备

　　个体心理学的基本原则之一是，所有的精神现象都可以被看成是为某一确定目标所做的准备。在前面已经讨论过的精神生活的构成中，我们可以看到不断为将来所做的准备，而在将来，个体的愿望似乎都能实现。这是一种普遍的人类经验，我们所有人都必须经历这一过程。所有谈到未来理想状态的神话、传说和英雄传奇都与此有关。人们对于曾经有一个天堂的坚定信仰，以及对这一进程的进一步共鸣——人类都有这样一个愿望：未来，所有的困难都将迎刃而解——可以在所有的宗教中找到。灵魂不死或灵魂轮回转世的信条，都相信灵魂会获得一种新构成这一信念的明确证据。每一个神话故事都是见证，见证了人类从未放弃对幸福未来的希望这一事实。

一、游　戏

　　在儿童的生活中有一个重要的现象，非常清楚地展现了为未来做准备的过程。这就是游戏（play）。我们不应把游戏视为父母或教育者们随意想出的主意，而应将其看成是教育的辅助，是促进儿童精神、幻想及生活技能发展的刺激物。为未来而做的准备可见于所有的游戏之中。儿童对待游戏的态度、他做出的选择，以及他对游戏的重视程度，都表明了他对周围环境的态度及其与环境的关系，以及他与同伴产生关联的方式。他是心存敌意还是对人友好，尤其是他是否有想成为支配者的倾向，在他的游戏中都表现得很明显。在观察做游戏的儿童时，我们能够看到他对待生活的整体态度。游戏对于每一个儿童来说都是最为重要的。儿童的游戏应被看成是对未来的准备。这些事实的发现应归功于教育学教授格罗斯（Gross），他在动物的玩耍中也发现了同样的倾向。

但是，仅用"准备"这一概念尚不能穷尽我们有关游戏本质的观点。最为重要的是，游戏是一种社会性的、公共的活动，它能使儿童满足并实现其社会感。回避游戏和玩耍的儿童总是会让人怀疑他们不能很好地适应生活。这些儿童往往很乐意回避所有的游戏，或者当他们被强迫和其他儿童一起玩游戏时，通常都会扫了其他儿童的兴致，惹得大家都不高兴。骄傲、低自尊，以及随之而产生的对于扮演不好自己角色的恐惧，往往是这些儿童出现这种行为的主要原因。总的来说，通过观察游戏中的儿童，我们将能够很有把握地确定这个儿童的社会感总量。

想要优越于他人的目标（这是游戏中表现出来的另一个非常明显的因素），在儿童想成为发号施令者和支配者的倾向中显露无遗。只要观察一下儿童怎样强出风头，以及他在何种程度上更喜欢那些让他有机会满足想成为主角之欲望的游戏，我们就能发现这种倾向。几乎所有的游戏都至少含有下列因素之一：为生活所做的准备，社会感，对支配、统治地位的追求。

不过，游戏中还存在另外一个因素，那就是儿童在游戏中表达自己的可能性。在游戏中，儿童或多或少会表现出真实的自己，而且，他与其他儿童的关系也会激发他的表现。有一些游戏特别强调这种创造性倾向。在为未来职业做准备方面，那些有可能让儿童的创造性精神得到锻炼的游戏特别重要。在许多人的生活经历中，我们恰巧可以看到，他们小时候给洋娃娃做衣服，后来长大了便给成年人做衣服。

游戏与灵魂密不可分。可以说，它是一种职业，而且，我们也必须将它看成是一种职业。因此，打扰一个正在玩游戏的儿童，并不是一件无关紧要的小事。我们绝不应该把游戏看成是一种消磨时间的方法。在为未来做准备这一目标方面，每一个儿童内心都已经有了他在将来某个时候将会成为的成人的东西。因此，如果我们了解一个人的童年，那么，在对他进行评价时，便能更容易得出结论。

二、注意力与注意力分散

注意力（attention）是位列人类成就最前沿的心理过程的特征之一。

当我们用自己的感官去感受体外或体内某件特别的事情时，就会产生一种特殊的紧张感，这种紧张感不会延伸至我们的整个身体，而是局限于某个感觉器官，如眼睛。我们感觉到，有什么事情正在被准备着。以眼睛为例，眼轴的方向就给了我们这种特殊的紧张感。

如果注意力引起了我们灵魂或运动组织任一部分的特殊紧张感，那么，其他部分的紧张感就会在同一时间被排除在外。因此，一旦我们希望专注于某一件事情，我们就会希望排除所有其他的干扰。就灵魂而言，注意力意味着一种愿意在我们自己与某一确定事实之间架起一座特殊桥梁的态度，或者意味着一种为进攻（这种进攻是出于需要，或出于某一不寻常的情形，要求我们将全部的力量都指向于某一特定的目标）而做的准备。

除了病人和弱智者，每一个人都拥有集中注意力的能力，但我们经常也能看到注意力不集中的人。这些人之所以注意力不集中，原因有两个。首先，疲劳和疾病是影响注意力的因素。其次，还有一些人之所以注意力缺失，是因为他们不想集中注意力，是因为他们应该去注意的对象不符合他们的行为模式；然而，当他们考虑某件切合其生活方式的事情时，他们的注意力很快就会被唤醒。注意力缺失的另一个原因是对抗倾向。儿童很容易产生对抗倾向，对于提供给他们的每一种刺激，儿童的回答往往都是"不"。我们有必要让儿童公开地表现出这种对抗倾向。教育者及其所采取的教育策略的职责是：将儿童必须学习的东西与他的行为模式联系起来，使之贴合他的生活方式，从而缓解他的对抗倾向。

有些人能用眼睛看到每一个变化，能用耳朵听见每一个变化，还能感知到每一个变化。有些人完全用他们的眼睛去探索生活；有些人则完全用他们的听觉器官去感知生活。有些人什么都看不见，什么都注意不到，他们对视觉对象毫无兴趣。我们可能会发现，有的人在其情境保证了他会非常感兴趣时，却仍注意力不集中，这是因为他较为敏感的感受器没有受到刺激。

唤醒注意力最为重要的因素是真正根深蒂固的对世界的兴趣。兴趣所在的精神层面比注意力要深得多。如果我们有了兴趣，那么，不言而喻，我们应该就会去注意；只要有兴趣，教育者就无须担心注意力的问题。兴趣成了人们为实现某一明确目标而掌握一门知识的简单工具。每个人在这个过程中都曾犯过错误。由此，我们便可断定，当某种错误的态度在某个人身上固着下来，注意力同样也会牵涉其中，从而使注意力指向那些在为生活做准备的过程中并不重要的东西。当兴趣指向个人自身的身体，或指向个人自己的权力时，只要牵涉这些兴趣，只要有能赢得的东西，只要自己的权力受到威胁，他都会注意力很集中。只要对权力的兴趣没有被某一新产生的兴趣所取代，注意力就绝不可能与任何与此无关的东西相联系。我们观察到，当儿童的被认可状态和重要性受到怀疑时，他们立刻就会集中注意力。然而，当他们感觉到某件事情对他们来说"没什么大不了"时，其注意力很快就会被分散。

注意力缺失实际上仅仅意味着：某人宁愿从某个要求他集中注意力的情境中撤离出来。因此，说某个人不能集中注意力是错误的。我们很容易就能证明他可以做到注意力非常集中，只不过他总是专注在别的事情上罢了。所谓的意志力缺失和活力缺乏，与注意力不能集中的情形很相似。在这些病例中，我们常常发现，顽强的意志力和不屈不挠的活力会从不同的方面表现出来。治疗并不简单。只有改变个体的整个生活方式，治疗才有可能成功。面对每一个这样的病例，我们都可以肯定：患者的注意力之所以缺失，仅仅是因为他所追求的是另一个目标。

注意力不集中（inattention）常常会成为一种永久性的特征。我们经常会遇到这样的人：每当派他去做某一项明确的任务，他要么拒绝去做，要么只完成部分任务，要么完全逃避，结果，他总是成为其他人的负担。经常性的注意力不集中慢慢就成了他们的一种固定的性格特征，一旦他们必须去做某件要求他们做的事情时，这种特征就会表现出来。

三、过失犯罪与健忘

我们通常所说的过失犯罪（criminal negligence）指的是由于我们的疏忽，没有采取必要的预防措施，从而导致某一个体的安全或健康受到威胁的情况。过失犯罪这种现象表现出了最大程度的注意力不集中。这种注意力缺失的基础是对同伴缺乏兴趣。通过观察儿童在游戏中的过失行为的特征，我们就能断定这些儿童是只考虑他们自己，还是也会顾及他人的权利。这些现象是衡量一个人的社会意识和社会感的明确标准。当社会感没有得到充分的发展，个体就很难对其同伴产生足够的兴趣，即使在惩罚的威胁下也是如此；而一旦有了发展得很好的社会意识，这种兴趣的产生也就不言而喻了。

因此，过失犯罪就等同于社会感的缺乏，但我们不能太狭隘，以免忘了去调查个体为什么对其同伴不具备我们所期望的兴趣。

将注意力局限在一定范围内，就会导致健忘，就像我们有时候将注意力都集中在贵重物品上，结果会将其丢失一样。虽然有可能产生较大的紧张状态，也就是兴趣，但这种兴趣可能会因为心情不悦而遭到极大的抑制，以至于开始出现记忆的丧失或减弱，或者至少因此而助长了这种影响。比如，儿童丢失课本就是这样一个例子。我们总能轻易就证明，这是由于他们还没有习惯学校的环境。经常弄丢钥匙或把钥匙放错地方的家庭主妇，通常都是那些从未友好地接受家庭主妇这一职业的女人。健忘的人通常不愿公开地反抗，但他们的健忘还是暴露了他们对工作缺乏某种程度的兴趣。

四、无意识

我们所描述的通常是那些没有意识到其精神生活现象之意义的人。即使是注意力非常集中的人，也很少能告诉你他为什么一眼就看清事物的全貌。有些精神机能在意识领域是找不到的；尽管我们能够有意识地迫使自己的注意力达到某种程度，但对这一注意力的刺激却并不存在于意识内，而存在于我们的兴趣中，而这些兴趣绝大部分又存在于无意识领域内。从其最大范围看，这既是灵魂生活的一个方面，也是灵魂生活的一个重要因素。我们可以在一个人的无意识中寻找并找到他的行为模式。而在他的意识生活中，我们所面对的只不过是一段影像、一张底片。一个虚荣的女人通常对自己在许多场合表现出来的虚荣心毫无知觉；相反，她的行为举止只会使任何人都明显地感觉到谦逊质朴。我们没有必要让一个虚荣的人知道他自己的虚荣。事实上，就这个女人的目的而言，试图让她知道她自己的虚荣，注定徒劳无获，因为如果她知道自己是虚荣的人，她就不会再继续虚荣下去了。只有将我们的注意力转移到一些无关的或不相干的事情上，我们才看不到自己有任何的虚荣心，从而，我们便可以获得一定程度的戏剧性的安全感。这整个过程都是在暗中进行的。如果你试图跟一个虚荣之人谈论他的虚荣心，你会发现，这个话题很难谈论下去。他可能会表现出回避这个话题的倾向，拐弯抹角，闪烁其词，以免扰乱他原有的平静；但这却更加坚定了我们的观点。他想玩一些小把戏，而当有人漫不经心地试图揭穿他的小把戏时，他立马就会采取防御的态度。

　　人可以分为两类：对自己无意识生活的了解高于平均水平的人和低于平均水平的人；也就是说，分类的标准是其意识范围所达到的程度。在许多病例中，我们都很巧合地发现，第二类人通常将其注意力集中在很小范围的活动上，而第一类人往往关注多层面的活动领域，兴趣广泛，他们对人、事物、事件、观念等都有浓厚的兴趣。那些感到自己被逼入绝境的人自然只满足于生活的一个小层面，因为生活对他们来说是陌生的，因此，他们无法像那些遵守比赛规则的人那样清楚地看到生活的问题所在。他们是糟糕的队友。他们不能理解生活中较为美好的事物。由于他们对生活的兴趣非常有限，因此他们只能感知到生活问题中无关紧要的部分，而其原因在于：他们害怕拥有更为广阔的视野就意味着个人权力的丧失。就个体的生活经历而言，我们常常发现，有人对自己的生活能力一无所知，因为他低估了自己的价值。我们还发现，他对自己的缺点也不够了解；他可能认为自己是个好人，而事实上他做什么事都只考虑自己的利益；反之亦然，他可能认为自己是一个自私自利的人，但更进一步的分析则表明他实际上是一个非常好的人。你怎样看待你自己，或者其他人怎样看待你，事实上并不重要。重要的是你对人类社会的一般态度，因为这种态度决定着每一个人的每一种愿望、每一种兴趣和每一种活动。

　　我们下面要讨论的还是两类人。第一类人过着一种更有意识的生活，他们会用一种客观的态度看待生活问题，不会被任何东西蒙蔽双眼。第二类人往往会用一种带有偏见的态度看待生活，他们只能看到生活的一小部分。这种人的行为和语言总是会无意识地受到某种方式的指引。这两种类型的人如果生活在一起，可能会出现重重困难，因为他们总是相互对立。这并非什么不同寻常的事情。很可能他们不对立才不寻常。他们都对自己的对手一无所知，都相信自己是正确的，并且摆出理由表明自己是捍卫和平与和谐的战士。但事实却并非他所说的那样。实际上，他所说的每一句话都不可能不用反对的话语从侧面攻击他的对手，尽管他的攻击从外表看并不显眼。只要更为仔细地审视一下，我们便可发现：他整个一生都沉湎于一种敌对的、好战的态度之中。

人类身上已经发展出了一些力量，尽管他们对其一无所知，但这些力量却一直在发挥着作用。这些能力隐藏在无意识之中，影响着他们的生活，有时候，这些能力在未被发现时就会导致痛苦的后果。陀思妥耶夫斯基（Dostoevsky）在其小说《白痴》（*The Idiot*）中就曾用非常优美的语言描述过此种情况，以至于自那以后这就成了心理学家们每每谈到便深感惊奇的事情：在一次社交聚会上，一位贵妇人用嘲弄的口吻提醒公爵（小说中的主人公）不要碰翻了他身边那个价值连城的瓷花瓶。公爵向她保证他一定会小心，但几分钟后，花瓶倒在了地上，摔了个粉碎。在场的人都不认为这件事只是一个意外，每个人都觉得这是必然会发生的事件，这相当符合这位公爵的性格，他感到那位贵妇人的话侮辱了他。

在对一个人做出判断时，我们不能只看他有意识的行为和表现。通常情况下，他没有意识到的思想和行为中的一些微小细节会给我们提供更好的有关其真实本质的线索。

例如，那些经常做一些令人不悦的动作，如咬指甲、挖鼻孔的人并不知道，这些动作已经表明他们事实上是非常顽固的人，因为他们不了解这些动作与他们的性格特征之间的关系。但我们却完全清楚，这样的儿童必定曾因为这些习惯而一次又一次地遭到责骂；而即使经常受到责骂，他也没有改掉这些习惯，那就表明他一定是一个顽固的人！如果我们在观察中更为专业、熟练，那么通过观察这些反映他整个存在的微小细节，我们就能得出有关任何人的非常深远的结论。

接下来的两个病例将向我们表明：无意识的事件保留在无意识之中，这一点对于精神系统来说非常重要。人的灵魂具有指导意识的能力，也就是说，人的灵魂能够从某种精神运动的观点出发，将必要的东西保留在意识的层面，反之亦然。只要有助于个体行为模式的维持，它就能够使一些东西保留在无意识层面或使其变成无意识领域的内容。

第一个病例是关于一个年轻人的，他是家中的长子，和妹妹一起长大。在他 10 岁的时候，母亲去世了，从那个时候起，他的父亲（他的父亲是一个非常聪明、善良、讲道德的人）就只好开始负责起他们的教育。这位父亲花费了大部分的精力，想将儿子培养成为一个胸怀大志的人，并不断激励他向着更大的目标前进。这个小男孩努力成为班上的尖子生，发展得非常优秀，在道德品质和科学素养方面，他总是独占鳌头，这让他的父亲非常高兴，因为他从一开始就期望儿子能在生活中扮演一个重要的角色。

随着时间的推移，这个年轻人也形成了一些令他父亲非常担忧的性格特征。父亲竭力想帮儿子改掉这些性格特征。与此同时，这个小男孩的妹妹长大了，成了他强有力的对手。妹妹发展得也非常好，只是喜欢利用自己的柔弱作为武器以获得成功，所以，她常常以牺牲哥哥为代价来提高她自己的重要性。在家务活方面，她非常能干，这使得哥哥很难与她竞争。作为一个男孩子，哥哥发现自己很难在家务活上获得认可并显示出自己的重要性，虽然他在其他领域可以轻而易举地获得这一切。父亲很快注意到，儿子过着一种很奇怪的社会生活，而且，随着青春期的到来，这一切变得越来越明显。事实上，他没有社会生活。他对所有新结识的人都心怀敌意，如果这些新结识的人是女孩，他就干脆逃之夭夭。一开始，父亲并没有看出这有什么不同寻常，但随着时间的流逝，这个男孩的社会反应到了几乎不出家门的地步，甚至随便散个步都会让他不愉快，除非是在夜幕降临的时候。他深居简出，最后甚至拒绝和老朋友们见面，虽然他在学校的表现以及他对父亲的态度仍然无可挑剔。

当这种情形发展到没人能将他弄出家门时，父亲只好带着他去看医生。几次咨询就发现了造成这种困境的原因。这个男孩认为自己的耳朵太小，因此所有人都会认为他很丑。事实并非如此。他的理由被医生驳回，医生告诉他，他的耳朵与其他男孩的耳朵并没有什么不同。医生还向他说明，他是想以此为借口避免与其他人接触。这时，他又补充说，他的牙齿和头发也很丑。这显然也不是事实。

另外，我们很容易发现，他有着非比寻常的野心。他清楚地知道自己的野心，并认为是父亲培养了他的这种性格特征。父亲总是不断地激励他朝着更大的目标前进，好让他在生活中获得更高的地位。在他对未来的计划中，最大的愿望是要在科学领域扮演英雄角色。如果不是他身上还兼有回避所有对人类及同伴之义务的倾向，那么，这个愿望也就没有什么不寻常的了。这个男孩为什么会用如此幼稚的理由做借口呢？如果这些借口属实，那么，他就有了恰当的理由用一种谨慎、焦虑的态度来对待生活，因为在我们的文明中，形象丑陋的人毫无疑问会遭遇无数的困难。

进一步的分析表明，这个男孩以极大的野心追随着一个特定的目标。以前，他总是班上的第一名，而且，他想一直保持这个第一名。为了实现这样一个目标，他就必须具有专心致志、勤奋刻苦等特质。对他来说，这些还不够。他试图将一切看似不必要的东西都排除在他的生活之外。他可能会这样表达自己的观点："既然我将名扬四海，既然我将完全献身于科学事业，那我就必须排除一切不必要的社会关系。"

但是，他既没这么说，也没这么想。相反，他以所谓的自己长得丑这一无关紧要的元素当借口，并利用它来达到自己的目的。这一无关紧要的事实之所以在他的行动方案中很重要，是因为它给了他恰当的理由去做他实际上真正想做的事情。现在他所需要做的就是鼓起勇气，明知错误也要为自己辩解，夸大自己的丑陋，从而能够追求隐藏在自己内心深处的目标。如果他说希望自己像一个苦行的隐士那样生活，以实现他保持第一的目标，那么，他的心思就尽在众人眼底了。虽然在无意识之中，他已确定致力于扮演英雄角色的目标，但在意识层面，他并没有意识到自己的这个目标。

他从未想过自己会希望孤注一掷，冒着失去生活中其他所有一切的危险，来赌这一目标的实现。如果他意识到了这一点，并决定公然地拿生活中的一切作为赌注，以使自己成为科学界的英雄，那么，他可能对自己一定能够稳操胜券并没有十足的把握，而借口说自己长得丑，不敢与人交往，则似乎更有可能实现他的目标；此外，任何公然说自己想永远保持第一、永远最为出色并愿意为实现这一目标而牺牲所有人际关系的人，都会使自己在同伴的眼中显得滑稽可笑。这将是一个太可怕的想法，一个人们想都不敢想的想法。有那么一些想法是不能公之于众的，这既是为了他人好，也是为了自己好。正因为如此，这个男孩生活中的主导观念只能一直保留在无意识之中。

如果我们现在明确地告诉这个年轻人他生活中的主要动机是什么，并向他说明他之所以不敢正视自己内心的一些倾向，是因为害怕失去自己的行为模式，那么，我们自然就会扰乱他的整个精神机制。这个个体曾不惜一切试图阻止的事情，现在发生了！他的无意识思想过程一下子变得清晰而透明！那些他曾经想都不敢想的想法、有都不敢有的观念，还有那些一旦意识到就会扰乱个体整个行为模式的倾向，现在赤裸裸地摆在了他的面前。人类有一个普遍的现象：每一个人都会紧紧抓住那些证明其态度合情合理的想法，而拒绝每一个有可能阻止他继续前进的观念。人只敢接受那些在他们自己看来对其有价值的东西。凡是有帮助的，我们就将其保留在意识之中；而凡是有可能干扰到我们的，就推到无意识深处。

第二个病例是关于一个非常能干的男孩的经历，他的父亲是一名教师，时常激励儿子要在班上力争第一。在这个病例中，这个男孩的早期生涯也是一个胜利接着一个胜利。不管他出现在哪里，始终都是胜利者的形象。他是所在的社会圈子里最有魅力的成员之一，有几个关系密切的朋友。

在他 18 岁那年，情况发生了巨大的变化。他失去了生活中所有的乐趣，心情抑郁沮丧，心烦意乱，不遗余力地想脱离社会。他每交上一个朋友，就很快会跟人闹翻。周围所有人都发现他的行为出现了障碍。然而，他的父亲却希望这种闭门不出的生活能使他更认真、更专注地投身于学习之中。

在治疗期间，这个男孩不断地抱怨他的父亲，说父亲夺走了他生活中的所有乐趣，说他没有了继续生活下去的自信和勇气，说他已经一无所有，只能在孤独中痛苦地打发余生。他在学习上的进展已经变得越来越慢，大学的成绩开始出现不及格。他解释说，他生活中的这一切变化开始于一次社交聚会，当时，由于他对现代文学的无知，他成了朋友们嘲笑的对象。一次又一次类似的经验导致他开始与外界隔离，并成了他远离社交场合的原因。他一口咬定，父亲该为他的不幸受到谴责。父子之间的关系一天天恶化。

这两个病例在许多方面都很相似。在第一个病例中，我们的患者由于遭遇他妹妹这个阻力而失败，而在第二个病例中，阻碍患者的是对其有过错的父亲的好战态度。两位患者都受到我们习惯称为"英雄理想"的观点的指引。他们两个人都非常醉心于他们的"英雄理想"，以至于他们丧失了与生活的一切联系，变得灰心沮丧，只想完全从生活的斗争中撤离出来。但我们相信第二个男孩绝不会对他自己说："既然我们不能继续这种英雄式的生活，那我就退出生活，在痛苦中度过余生。"

诚然，他父亲是错的，他的教育也很糟糕。但非常明显的是，这个男孩的眼睛只盯着父亲给他的糟糕教育，不断地抱怨这种教育，这是因为他想为自己的退缩找到恰当的理由：假定他所受的教育非常糟糕，以至于只有退出社会才是解决这个问题的唯一方法。这样一来，他便获得了这样一种处境，即他再也不会遭遇更多的失败了，因为他可以将自己的不幸归咎到父亲头上，父亲该受全部的谴责。只有这样，他才能为自己挽回一点自尊，并满足自己对于出人头地的追求。他有一个辉煌的过去，而他未来的成功之所以受阻，仅仅是因为这样一个致命的事实：父亲给他的不好的教育妨碍了他进一步发展，从而使他无法取得更为辉煌的成就。

从某种意义上我们可以说，保留在他无意识之中的是这样的一种思路："既然我现在已经站在了生活战场的前线，既然我已经认识到始终保持第一名已不再像从前那么轻而易举，那么，我应该竭尽全力从生活的战场上完全撤离下来。"但这种想法显然是不可思议的。没有人会说这样的话，但有人的行为举止却表现得好像他已经把这种想法深深植入了内心。这一切还需要通过更进一步的论证才能完成；通过让自己整天没完没了地忙着责备父亲在教育上的错误，他成功地避开了社会，避开了生活中一切必须做出的决定。如果这种思路上升到了他的意识层面，那么，他的隐秘行为将不可避免地受到干扰。因此，它一直保留在无意识领域。他有着如此辉煌的过去，谁能说他是一个毫无才能的人呢？诚然，如果他没有取得新的胜利，谁也不能因此而责怪他！父亲对他的教育所产生的有害影响，是绝不可能被搁置一旁的。这个儿子本人同时也是法官、原告、被告。难道他现在应该放弃这样一个有利位置吗？他非常清楚地知道，只要他这个当儿子的愿意，只要他扳动他双手之间的控制杆，他的父亲就一定会受到责备。

五、梦

很长时间以来，人们一直坚信：可以从一个人的梦中，得出关于他整个人格（personality-as-a-whole）的结论。与歌德同时代的利希滕贝格（Lichtenberg）曾经说过，从一个人的梦中，比从他的言谈举止中更能猜出他的性格和本质。这种说法有点言过其实了。我们的观点是：对于精神生活的单个现象，我们必须极其谨慎地对待，而且必须要将它与其他现象联系起来。因此，只有当我们在其他的特征中找到另外的支持性证据证实我们对梦的解释时，我们才能根据梦的内容来得出有关个体性格的结论。

对梦的解释可以追溯到史前。对文化发展史各个时期的研究，尤其是那些在神话和英雄传奇中得到了证实的研究，让我们得出了这样一个结论：很久以前，人们对梦的解释远比我们现在关注得多。我们还发现，那时的普通民众比我们现在的普通百姓对梦的了解要多得多。我们只需回忆一下梦在古希腊人的生活中扮演了多么重要的角色，回忆一下西塞罗（Cicero）所写的那本关于梦的书，或者想一想《圣经》当中讲到了多少的梦，就能证明这一点。当然，还有更多其他的例子。《圣经》中的梦要么得到了巧妙的解释，要么只是将其如实地讲述出来，就好像它不言自明，每个人听完后都能对其做出正确的解释和理解。例如，约瑟夫梦到了捆扎的麦子，并把这个梦告诉了他的兄弟们，就属于这种情况。此外，在起源于另一种完全不同的文化的尼伯龙根英雄传奇（Nibelungen sagas）

中，我们可以推断得出，梦往往会被用作证据。

如果我们忙着把梦当作接近、了解人类灵魂的一种手段，那么，我们就会和那些试图在梦以及对梦的解释中寻找怪诞奇异的超自然影响的研究者一样，几乎不可能看到问题的真正所在。只有当其他意义深远的观察结果证实并强化了我们的主张时，我们才可以依赖从梦中获得的证据。

甚至到了今天，相信梦对未来有着特别意义的倾向依然存在。有一些唯心主义者竟然发展到了让梦影响自己的地步。我们有一个患者就是这样，他自欺欺人地回避所有体面的职业，沉溺于股票交易的投机赌博。他总是根据自己做的梦去投机赌博。他收集了很多以往的证据来证明，如果他不按照自己的梦行事，就会一直倒霉。确实，他夜里梦到的全是他白天醒着时一直关注的事情。可以说，他因此在梦中沾沾自喜，而且，在相当长的一段时间里，他经常说，他是在梦的影响之下赚了很多钱并过了一段时间。后来他又辩解说，他认为他的梦也没有什么价值可言了。说这话时，他好像把钱全赔进去了。既然这一切对于股票市场的投机商们来说是家常便饭，甚至没有梦的指点，也会经常有输赢，因此，我们便看不出这里有什么奇迹发生。对于某一特定工作有着强烈兴趣的人，即使到了晚上也必定会思考如何解决他所面临的问题。有些人夜不能寐，翻来覆去地思考自己面临的问题，有些人则在睡梦中忙着考虑自己的计划。

其实，这种在睡梦中全神贯注地思考问题的特殊现象，只不过是在昨天和明天之间架起的一座桥梁。如果我们知道一个人对待生活的总体态度，知道他是如何架起"现在"与"未来"之间的桥梁的，那么通常情况下，我们也就能理解在梦中他这座桥梁的结构特质，也就能据此得出正确的结论。换句话说，对待生活的总体态度是所有梦的基础。

一位年轻女士做了这样一个梦：她梦见丈夫忘了他们的结婚纪念日，她为此责备了他。这个梦可能有几层含义。如果这个问题真的出现了，那我们马上便能得知：他们的婚姻陷入了某种困境；妻子感觉自己受到了忽视。然而她解释说，她也忘掉了这个结婚纪念日，但最后还是她想了起来，而她的丈夫经过她的提醒才记起来。她是"更好的另一半"。在进一步的询问下，她说，事实上以前从未发生过这样的事情，她丈夫从来都记得他们的结婚纪念日。因此，在这个梦中，我们看到了她对未来有些担忧的倾向：这样的事情有可能会发生。我们还能进一步得出这样的结论：她总喜欢责怪他人，喜欢捕风捉影，经常因为一些有可能发生的事情而对她的丈夫不停抱怨。

如果我们没有掌握其他的证据来支持我们的结论，那么，我们还不能确定我们的解释是正确的。当我们问及她最早的童年记忆时，她讲述了一件一直保留在她记忆之中的事情。当时她才三岁，她婶婶送给她一个木雕调羹，这使她感到非常骄傲得意；但有一次她玩这个调羹时，调羹掉进了小河里漂走了。为此她伤心了很多天。她表现得如此伤心，以至于周围的每一个人都很关心此事。

她的梦有可能会让我们得出这样的假设：她现在想到了她的婚姻也有可能从她身边漂走。如果她丈夫果真忘了他们的结婚纪念日，那又怎么样呢？

还有一次，她梦见丈夫带着她爬上了一座高楼，楼梯越来越陡。一想到她很可能爬得太高，她就非常眩晕，一阵焦虑袭来，她晕了过去。人们在醒着的时候也可能会体验到类似的感觉，尤其是在高处感到眩晕时（通常情况下，人们对高度的害怕程度要比对深度小）。通过将第二个梦和第一个梦联系起来，使之融为一体，这两个梦的想法、感觉及内容就会给我们一个非常清晰的印象：这位女士担心自己会摔下去，害怕遭遇伤害或不幸。我们可以想象，丈夫对她情感的不断减弱或类似的事情，就可能造成这样的不幸。如果她丈夫在某个方面让她无法忍受，那将会发生什么事情？如果他们的婚姻生活被搅乱，又将会怎样呢？他们可能吵闹，可能打架，最后可能以妻子晕倒在地、半死不活而宣告结束。这样的事情确实在他们的某次争吵中发生过！

现在，我们更接近这个梦的真实含义了。梦的思想和情感内容通过哪些材料表现出来其实无关紧要，或者说，只要材料有用，并且保证以某种方式表现出梦的思想和情感内容，那么采用何种手段其实无关紧要。在梦中，个体以明喻的形式表达出了她的生活问题，就好像她在说："不要爬得太高，这样才不会摔得太惨！"回想一下歌德在其《婚姻之歌》

（Marriage Song）中再现的一个梦，可能对我们有好处。一个骑士从乡村回到家里，发现他的城堡空无一人。他精疲力竭地倒在床上便睡着了，在梦中，他看到一些小矮人从他的床底下走出来，他还注意到这些小矮人正在举行一场婚礼。这个梦让他心情非常愉悦，就好像他想证实一下自己需要找个女人的想法。他在这些小矮人身上所看到的一切，后来在他庆祝自己的婚礼时真的发生了。

我们在这个梦中发现了许多众所周知的东西。首先，诗人对自己婚姻的神往隐藏在了这个梦中。其次，我们还可以看到这个做梦的骑士迫切需要对他当前的生活处境采取一种态度。这种处境需要的是婚姻。他在梦中关注的正是婚姻问题，第二天，他便做出了决定：如果他也把婚结了，处境将会变得更好。

现在让我们来看一下一位 28 岁的男人做的梦。这个梦的运动轨迹就像发烧时温度从上升到下降的曲线，非常清楚地表明了充满这个男人生活的精神运动。我们很容易从中看出自卑感，以及由于这种自卑感而产生的追求权力和支配地位的倾向。他说："我和一大群人去远足。我们必须从一个小站出发，因为我们远足乘坐的那艘船太小了，我们必须在这个小镇过夜。那天夜里，有消息传来，说我们的那艘船正在下沉，因此，所有参加远足的人都被叫到了水泵那儿抽水，以阻止船下沉。我想起我的行李中有一些值钱的东西，便迅速冲到了船上，当时，其他所有人都已经在水泵边开始干活了。我试图避开这活儿，到处寻找行李舱。我成功地从窗口掏出了我的背包，与此同时，我看到了一把我非常习惯的铅笔刀，就在我的背包边上。我把铅笔刀放进了背包里。这时，船开始往下沉，我和一个熟人一起跳下了船。我们跳到了海里，后来游上了岸。由于码头太高，我们只好继续往前走，一直走到一个陡峭的悬崖边，我必须从这个悬崖下去。我从悬崖上滑了下来。自从离开船以后，我就一直没有见到我的同伴。我越滑越快，生怕自己会摔死。最后，我终于滑到了山脚，正好摔倒在了一个熟人的面前。但我实际上并不认识这个年轻人。他正在罢工，非常安静地站在一群罢工者中间，他对我很有礼貌。他用略带责备的语气向我打招呼，就好像他知道我在船快要沉没的时候抛弃了自己的同伴一样。'你在这里干什么？'他问我。我试图逃离这个四面都是陡峭绝壁的深渊，山壁顶上往下垂着一些绳子。我不敢用这些绳子爬上去，因为它们太细了。我竭尽全力试图爬出这个深渊，但总是爬上来掉下去。最后，我到了顶上，但我不知道自己是怎么上来的，就好像是我故意不想梦到这一部分梦境或是我不耐烦地跳过了这一部分。在深渊的边缘，也就是顶上，有一条路，路的两旁拦着篱笆，挡住了深渊。路上有人来来往往，他们都友好地和我打招呼。"

当我们往回追溯这个年轻人的生活时，我们听到的第一件事是：他在五岁以前一直身患重病，五岁以后也经常生病。由于他体弱多病，所以一直被父母小心翼翼又焦虑万分地保护着。他与其他孩子的交往非常少。当他想和成年人交往时，父母总是告诉他，小孩子应该乖乖地待在大人身边，不要多讲话，大人有大人的事，小孩子不要插手。因此，他在很小的时候就失去了社会生活所必需的人际交往，而只与他的父母保持联系。由此导致的更进一步的结果是，他总是落后同龄儿童一大截，而且怎么也赶不上。我们毫不惊讶地听说，他还被认为是同龄儿童中最愚笨的，而且很快就会成为被嘲弄的对象。而这种境遇会再一次阻碍他找到朋友。

由于这些境遇，他异常的自卑感达到了顶峰。他的教育完全由父母负责，父亲用心良苦，但性情极其暴躁，专制蛮横；母亲弱不禁风，不善解人意，而且专横跋扈。虽然他的父母不断重申他们的良苦用心，但他所接受的必定是非常严厉的教育。他的气馁沮丧在这个过程中发挥了相当大的作用。他儿童早期的记忆中，一直保存着一件有重要意义的事：当时，他才三岁，他母亲让他在一堆豌豆上跪了半小时。原因是他不听话，而他不听话的原因母亲知道得非常清楚，因为他已经告诉了她：他一直害怕一名骑手，因此，他拒绝为母亲去给那名骑手送信。事实上，他很少挨打，但真要挨打时，总是被一条多头打狗鞭打，而且，每次挨完打以后，还必须请求宽恕，并说出自己之所以挨打的原因。他父亲说："孩子应该要知道他做错了什么事情。"有一次，他无缘无故地挨了一顿打，被打完后，他说不出自己为什么挨打，结果又挨了一顿，直到他承认自己做错了某些事情为止。

从童年早期开始，他就对父母采取了一种好战的态度。他的自卑感很强烈，以至于他从未想过自己会有出人头地的一天。他的学校生活和家庭生活几乎都是由一连串大大小小的失败构成的。在他看来，即使是最小的胜利，他也没有获得过。在学校里，他在 18 岁之前一直都是别人取笑的对象。有一次，甚至他的老师也取笑了他，老师在班上大声地朗读他的一篇写得很差的作文，一边读还一边奚落他。

这些事件中的每一个人都迫使他越来越深地陷入隔离状态，或迟或早，他都会自觉自愿地开始脱离这个社会。他在与父母的战争中，偶然发现了一种非常有效但代价巨大的进攻方法。那就是拒绝开口说话。由于采取了这样一种姿态，他等于松开了那个将他与外部世界捆绑在一起的抓钩。由于他不能与任何人讲话，于是他便陷入了完全孤独的状态。所有人都误解他，他也不同任何人讲话，尤其是不和他的父母讲话。最后，也就没有人和他说话了。所有想使他进入社会的企图都以失败而告终，就像他在以后的生活中所有想建立恋爱关系的企图也都付诸东流一样，这一切让他非常伤心。这就是他 28 岁以前的生活历程。弥漫于他整个精神的深刻自卑情结导致了这样的结果：他产生了一种毫无理性的野心以及对出人头地和优越于他人的无法遏制的追求，而这不断地扭曲着他对同伴的社会感。他说得越少，他日日夜夜的精神生活中就会越多地充斥着各种关于成功和胜利的梦。

就这样，有一天晚上，他做了我们刚才在上文中讲述的那个梦，在这个梦中，我们清楚地看到了使他的精神生活得以发展的运动和模式。最后，让我们来回想一下西塞罗曾讲述过的一个梦，这是文学史上最为著名的预言性的梦之一。

诗人西摩尼得斯（Simonides）有一次在街上发现了一具身份不明、无人认领的尸体，便体面地把他埋葬了，后来，他有一次正准备出海旅行时，那具尸体的灵魂出现并警告他：如果他出海旅行，他将会和船只一起葬身海底。西摩尼得斯于是放弃了这次旅行，而其他出海旅行的人全部遇难。[1]

据说，这个与梦有关的沉船事件，给以后几百年间的所有人都留下

---

[1]　Cf. Enne Nielson, "The unexplained, in its course through the centuries." Published by the Langewies che-Brandt. Ebenhausen near Munich.

了异乎寻常的深刻印象。

如果我们想解释这一事件，那我们必须先记住：在那个时候，船只失事是经常发生的事情，也正是由于这个原因，许多人在出海旅行的前夕都会梦到船只失事，而在这许多的梦中，这个特殊的梦正好证实了现实与梦境之间的一种特殊巧合，这巧合如此的异乎寻常，以至于能流传后世。我们完全可以想象，那些倾向于从梦中搜寻神秘关系的人对这类故事有一种特殊的弱点，而我们则非常平静、清醒地对这个梦做如下解释：我们的诗人很可能从来都没有对这次旅行表现出任何强烈的愿望，因为他非常在意自己的身体健康；而当必须做出决定的那一刻临近时，他还是很难做出决定，只得为自己犹豫不决的态度找一个合理的借口。为此，他让那具尸体在必要的时候前来向他表达得到体面安葬的感激之情，并扮演了一个预言家的角色。现在，他不出海旅行，也就说得通了。如果那艘船没有失事，那么，世人将绝不可能知道这个梦，也绝不会知道这个故事。因为我们通常只体验那些让我们的大脑动荡不安的事情，这些事情会向我们证明：天地之间隐藏着更多的、我们连做梦都想不到的智慧。只要我们了解到一个人在梦境和现实中都表现出了同一种生活态度，那么，我们就能理解梦的预言性质。

我们必须考虑的另一件事情是，所有的梦都不是轻易就能理解的；事实上，只有极少数的梦能被人理解。通常情况下，梦刚刚留下一点特殊的印迹，我们很快就把它忘了，而且也不理解它背后所隐藏的意义，除非我们在释梦方面很有造诣。然而，这些梦也只不过是某一个体活动和行为模式的象征性反映和比喻性反映。比喻的主要意义在于：它为我们提供了一个入口，让我们可以进入一个我们急切想发现自我的情境。如果我们全神贯注于某一问题的解决，如果我们的人格指向于某一个特定的解决方向，那么，我们只需要寻求一个生机勃勃的推动力，便可以进入这种情境。梦非常适合于强化某种情感，或产生解决某一特定情形之下的问题所需的热情。事实上，做梦的人对其中的联系毫无所知，但这一事实并不会改变什么。他能以某种方式找到资料和助力，这就够了。梦本身就会为做梦者表现思维过程的方式提供证据，就像它会向我们指明做梦者的行为模式一样。梦就像一柱烟，表明某个地方有火在燃烧。

有经验的伐木人只要观察一下，就可以说出是哪种树在燃烧，就像精神病医生通过释梦，便可以得出有关某个个体之本性的结论。

总之，我们可以说：梦不但表明做梦者正专注于解决自己生活中的某一问题，而且也表明他是如何看待这些问题的。尤其要指出的是，社会感和对权力之追求这两个影响做梦者与世界、现实之间关系的因素，将会在他的梦中清楚地表现出来。

六、才　能

在那些使我们得以判断某一个体的精神现象中，还有一个有关个体智力的因素我们尚未考察。一直以来，我们都认为一个人对自己的看法和想法没什么价值。因为我们确信，每一个人都可能莫名其妙地就误入了歧途，而且，我们每一个人通常都觉得有必要通过各种复杂的自私自利的把戏、道德的把戏或其他花招，在同伴面前修饰自己的精神形象。不过，有一件事我们可以做，那就是：从特定的思想过程和他们的言语表达，得出某些结论；虽然这只在很有限的程度上有可能做到。如果我们想正确地判断某一个体，那就不能把思想和语言排除在我们的考察范围之外。

我们所谓的才能（talent），即做出判断的特殊能力，一直以来是无数观察、分析及测验的对象，而对儿童和成年人的智力测验是其中最为出名的。这些就是所谓的才能测验。迄今为止，这些测验都没有获得成功。每当一群学生接受测验，测验结果通常表明：不用测验，他们的老师也能轻易地得出同样的结论。一开始，实验心理学家们为此深感骄傲，虽然他们同时也一定明显地认识到这些测验在某种程度上是多余的。对智力测验提出另一异议的是这样一个事实：儿童的思维、判断过程及能力的发展是不规则的，因此，许多测验成绩不好的儿童在几年之后会突然表现出非凡的发展与才能。还有一个必须考虑的因素是：生活在大城市和某些社会圈子里的儿童，由于他们的生活面相对更为广阔，因此对这些测验有着更好的准备。他们所表现出来的相对较高的智力带有欺骗性，而另一些没有此种准备的儿童则被摆到了相对不那么显眼的位置上。

众所周知，来自富裕家庭的 8～10 岁的儿童，比起那些贫穷家庭的同龄儿童，要机智敏捷得多。这并不意味着富裕家庭的儿童有着更好的天资，而只能说明导致这种差别的原因完全在于他们先前的生活环境。

到现在为止，我们对才能测验并未做太多的论述，因为非常明显，在柏林和汉堡的测验中表现出最大才能的儿童，有很大一批在后来的学习中表现不佳。这一现象似乎在向我们证明，我们不能拿儿童智力测验的结果来保证他未来的健康发展。相反，个体心理学的实验更好地经受住了考验，因为它们没有指向于确定发展的某一特定程度，而是旨在促进对潜藏于这种发展之下的积极因素的理解。在必要的时候，这些观察结果还能让儿童学会适当的矫正方法。个体心理学的原则绝不是将儿童的思维和判断能力从其灵魂结构中分离出来，而是认为，只有联系他的其他精神过程，才能对这些思维和判断能力进行考察。

第七章 性　别

一、两性差异与劳动分工

从前面的考察中我们已经了解到，有两种大的倾向支配着所有的精神现象。这两种倾向——社会感、个体对权力及支配他人之地位的追求——影响着每一个人的活动，影响着每一个人在追求安全感、实现其人生三大挑战（爱情、工作、社会）过程中的态度。如果我们想理解人的灵魂，那么在判断精神现象时，我们就必须使自己习惯于探究这两个因素之间量的关系和质的关系。这两个因素的相互关系制约着人们理解社会生活逻辑的程度，并因而决定着他能够在多大程度上服从于由社会生活需要而产生的劳动分工。

劳动分工是维持人类社会所不可忽略的一个因素。每一个人在某个时候或某个地方都必须尽他的一份职责。不尽其职责或否认社会生活价值的人，往往会成为一个反社会的存在，并放弃自己在人类社会中的同伴关系。符合这种情况的简单例子就是我们所说的利己主义者、恶作剧者、自我中心者和讨厌鬼；而较为复杂的例子就是我们所看到的怪人、流浪汉和罪犯。公众之所以谴责这些特质和特征，是因为他们认识到了这些特质与特征的本源，同时也因为他们凭直觉领悟到了这些特质与特征与社会生活需要的不相容性。因此，任何一个人的价值都是由他对其同伴的态度，以及他参与社会生活所要求的劳动分工的程度决定的。他对于这种社会生活的肯定使自己成了一个对他人而言非常重要的人，使自己成了维系社会之巨大链条中的一环。如果这一链条被打乱，那么，人类社会就不可能不被打乱。一个人的能力决定着他在整个人类社会生产中的位置。这个简单的真理之上却笼罩着许多困惑，因为对权力的追求和支配他人的欲望已经把错误的价值观念引到正常的劳动分工中。这种对支配地位的追求扰乱并阻碍了整个生产，并给了我们一个判断人类价值的错误基础。

由于有些人拒绝适应他们必须适应的位置，因而扰乱了劳动分工。此外，一些人的错误野心和权力欲望也增加了劳动分工的难度，他们为了个人的私利，阻碍了社会生活和社会工作。同样，我们社会中存在的阶级差别也导致了很多纠纷。个人权力和经济利益也影响着劳动领域的分工，所有较好的位子都专门留给了某些阶级的人，即那些更有权势的人，而其他阶级的其他人则被排除在外。认识到社会结构中众多的影响因素，我们便能理解为什么劳动分工从来都不能顺利进行了。这些不断扰乱劳动分工的力量，导致一些人成了特权阶层，而另一些人则成了奴役的对象。

人类的两性差异造成了另一种劳动分工。由于体格上的不同，女性被排除在了某些特定活动之外，而另一方面，有些劳动也不会分配给男性做，因为他们更适合于做其他的工作。这种劳动分工应该根据一个完全不带任何偏见的标准来制定，而所有为了妇女解放的运动只要在冲突的白热化阶段没有超越符合逻辑的观点，便是接受了这个观点的逻辑。劳动分工绝不是要剥夺女人的女性气质，也绝不是要扰乱男性与女性之间的自然关系。每一个人都需要最合适自己的劳动机会。在人类发展的过程中，这种劳动分工逐渐成形，女性接管了世界上的一部分工作（不然的话，这部分工作可能也需要男性来做），而男性则会占据能使其能力发挥更大作用的位子。只要工作上的能力没有使用不当，只要体力和脑力没有被歪曲从而导致不良后果，我们就不能说这种劳动分工毫无意义。

二、男性在当今文化中的支配地位

作为朝着个人权力方向发展的文化结果，尤其是在一些希望确保自己获得特权的个人和社会阶级的努力之下，这种劳动分工已经驶入了独具特色的、使我们整个文明呈现出某种色彩的航道。结果，男性在当今文化中的重要性得到了极大的重视。劳动分工使得男性这个拥有特权的群体在某些利益上得到了保证，而这也是他们在劳动分工中支配女性的结果。就这样，处于支配地位的男性获得了种种利益，他们支配着女性的活动，目的是使更为惬意的生活方式将永远属于男性，而那些分配给女性的活动，男性则能轻易地回避。

照目前的情况来看，男性一直不断地为支配女性而努力，而女性则出现了对男性统治的不满。由于两性之间的关系非常紧密，因此我们很容易想象，这种持续的紧张会导致精神上的不和谐和严重的身体障碍，而这必然会给双方都带来异常的痛苦。

我们所有的制度、传统态度、法律、道德、习俗都证明了这样一个事实：它们都是享有特权的男性为了自身统治的荣耀而确定并维持的。这些习俗制度甚至已经延伸到了幼儿园，对儿童的心灵产生了极大的影响。儿童并不需要对这些关系有太多的理解，但我们必须承认，这些关系对他们的情感生活产生了极大的影响。我们完全可以对这些态度进行研究，如当要求一个小男孩穿女孩的衣服时，我们就会看到他的反应是大发脾气。一旦一个男孩对权力的渴求达到一定程度，我们必定会发现他对成为男人的特权表现出某种偏好，他认识到男人的特权会保证他无处不在的优越感。我们在前文提到过这个事实：当今的家庭教育过高估计了对权力追求的价值。于是，维持和夸大男性特权的倾向自然紧接着就产生了，因为作为家庭权力象征的通常都是父亲。比起母亲无时不在的陪伴，父亲神秘的来来去去更能激起儿童的兴趣。儿童很快就看出了父亲所扮演的突出角色，并注意到父亲是怎样起带头作用，怎样安排家中的一切，以及如何在任何场合都以一家之长的身份出现。他还会看到家里的所有成员都服从父亲的命令，母亲也总是征询父亲的意见。从每一个角度看，父亲似乎都是一个强大而有力的人。有些儿童将父亲当作绝对的标准，以至于他们坚信父亲所说的每一句话都是神圣的；他们在试图证明自己的观点正确时，总会说父亲曾经这样讲过。即使在那些父亲的影响看起来并不那么明显的情形中，儿童也会意识到父亲的支配地位，因为家庭的整个重担似乎都落在了父亲的肩上，而事实上，只有劳动分工才能使父亲在家庭中更好地发挥其力量。

就男性支配地位起源的历史而言，我们必须让大家注意到这样一个事实，即这一现象并不是自然产生的。男性的支配地位需要用无数的法律来保证，就证明了这一点。它同时也表明，在男性支配地位没有得到法律的强制执行之前，必定还存在男性特权不那么明确的时期。历史证明，在母系氏族社会确实有过这样的时期，那时，是母亲，是女人扮演着生活中的重要角色，尤其对儿童而言，母亲显得更为重要。在那个时候，氏族中的每一个男人都有责任尊重母亲的荣耀地位。某些习俗和惯例仍然带有这种古老制度的色彩。比如，在将陌生男子介绍给儿童时，称呼他们为"舅舅"或"表哥"。在从母系氏族过渡到男性支配之前，必定经历过一场恶战。喜欢相信自己的特权和优势是大自然决定的男人一定会非常惊讶地发现，男性并非一开始就拥有这些优势，而这些优势必须通过斗争才能获得①。男性胜利的同时也就意味着女性被征服，这一点在法律的建立健全过程中表现得尤为明显，它见证了这个漫长的征服过程。

男性的支配地位并不是自然而然的结果。有证据表明，这主要是原始部落之间不断打仗的结果，在持续不断的征战过程中，作为武士的男人扮演了更为突出的角色，最后，他又利用这种新获得的优势维持自己的领导地位，达到自己的目的。同时出现的还有财产权和继承权的确立，这些构成了男性支配地位的基础，因为男性通常既是财产的获得者，也是财产的所有者。

然而，成长中的儿童并不需要阅读这方面的书籍便可知道这一点。虽然他对于这些考古学资料一概不知，但他能感觉到这样一个事实，即男性是家庭中享有特权的成员。即使具有相当洞察力的父母有意忽略这些从古老年代继承下来的特权，而倾向于支持男女间更大的平等，这种情况也依然会发生。我们很难让儿童清楚地明白，承担家务职责的母亲其实和父亲的价值是一样的。

---

① 奥古斯特·倍倍尔（August Bebel）的《妇女与社会主义》（*Woman and Socialism*）和马赛厄斯（Mathias）、马蒂尔德（Mathilde）的《占统治地位的性别》（*The Dominant Sex*）对这一发展过程做了非常精彩的描述．

　　一个小男孩从出生伊始，眼睛看到的便是盛行的男性特权，想一想这一切对他来说意味着什么。从他出生的那天起，他便因为是男孩而受到了比女孩更大的欢迎。父母更喜欢生男孩，这是众所周知、经常发生的事情。作为酷似父亲的男孩，他每时每刻都感觉到自己享有某种特权，具有更大的社会价值。旁人不经意间说的话或者他偶尔听到的话语，总是不断地提醒他注意这样一个事实：男性角色具有更大的重要性。

　　在雇用女仆干家庭粗活这一惯例上，男孩也看到了男性的支配地位，并最终因这样的事实——他周围环境中的女性丝毫都不认为她们与男性是平等的——强化了他的观点。所有女人在结婚前都应该向其未婚夫提这样一个最为重要的问题："你对于男性的支配地位，尤其是在家庭生活中的支配地位是怎么看的？"但未婚夫们通常不会回答这个问题。我们发现，有的女人会表现出对男女平等的追求，而另一些女人则表现出不同程度的顺从。相反，我们看到，父亲从孩提时代就坚信：作为男人，他将有更为重要的角色去扮演。他将自己的这一信念解释为一种绝对的责任，从而只对那些有利于男性特权的生活挑战和社会挑战做出反应。

　　儿童通常会经历从此种关系中产生出来的一切情形。他从中得到的一些有关女人本性的画面，其中大多数女人都扮演了可悲的角色。就这样，男孩的发展呈现出了一种鲜明的男性色彩。在他追求权力的过程中，所有他认为值得追求的目标都无一例外地具有男性特质和男性态度。从这些权力关系中产生出来的一种典型的男性美德，清楚无疑地向我们表明了它的起源。有些性格特征被看作男性的性格特征，而有些性格特征则被视为女性的性格特征，虽然我们没有任何证据证明这些分类的合理性。虽然我们将男孩的心理状态与女孩的心理状态进行比较，表面上看似乎找到了支持这种分类的证据，但我们所涉及的通常不是自然现象，而只不过是在描述一些已经被引导进某一特定航道的个体表现：他们的生活方式和行为模式因为特定的权力概念而被局限在了很小的范围之内。这些权力概念具有不可抗拒的力量，向他们指明了必须寻求发展的位置。事实上，将性格特征分为"男性的"和"女性的"这种分法没有什么道理可言。我们将会看到，这两种性格特征都能被用来实现对权力的追求。换句话说，我们可以通过顺从、服从等所谓的"女性"特征来表现权力。

一个顺从听话的儿童所享有的好处，有时候能让他比不听话的儿童更引人注目，更能成为大家关注的中心，虽然二者身上都存在对权力的追求。由于对权力的追求通常会以非常复杂的形式表现出来，因此，我们对精神生活的洞察往往会变得更加困难。

随着男孩渐渐长大，他的男性身份成了一种重要的职责，他的野心、他对权力及优越感的欲望毋庸置疑地与这种作为男性的职责联系到了一起，并彼此等同起来。对许多渴望权力的儿童来说，仅仅意识到自己的男性身份还不够；他们还必须显示出自己是男子汉，因而必须拥有自身享有特权的证据。为了实现这一目标，他们一方面努力让自己出人头地，并以此衡量自己的男性特征；另一方面，他们还可能会竭尽一切可能对周围环境中的女性横行霸道。根据他们所遭遇的抵抗程度，这些男孩子要么用顽固倔强、粗野反抗，要么用诡计、狡诈，来达到他们的目的。

既然每一个人都是根据享有特权之男性的标准来接受衡量，那么，人们总是将这样一个标准摆在男孩子面前也就不足为奇了。最后，他会根据这个标准来衡量自己，观察自己，并反问自己的活动是否够"男子气概"，自己是否是"一个真正的男子汉"。今天，我们所认为的"男子气概"已经成了一种常识。更为重要的是，它是某种纯粹以自我为中心的东西，某种满足个体自恋倾向的东西，它凭借一些表面上看似"积极的"特征，如勇气、力量、职责、赢得所有的胜利（尤其是对女人的无往不胜）、获得地位、赢得荣誉、拥有头衔，以及想把自己变得冷酷坚强以避免所谓"女性"倾向的欲望等，给人一种优越于他人、支配他人的感觉。为了赢得个人优越感，人们持续战斗着，因为获得支配地位往往被认为是一种男性美德。

就是通过这样的方式，每个男孩具有了他从成年男性，尤其是父亲身上所见到的性格特征。我们可以看到，这种人为滋养起来的显赫幻想的衍生物，在我们社会中有多种多样的表现形式。男孩子在很小的时候就会被激励着去奋斗，以确保自己拥有权力和特权，这就是所谓的"男子气概"。在糟糕的情形下，这种气概会退化成众所周知的粗鲁、野蛮。

在这样的情况下，成为一个男人所能得到的种种好处非常有诱惑力。因此，当我们看到许多女孩坚持把"有男子汉气概的理想"当成无法实现的愿望，或者当成判断她们行为的标准，就没什么好奇怪的了。这一理想可能会表现为言行举止的一种模式。在我们的文化中，似乎每一个女人都想成为男人！我们发现，那些想成为男人的女孩尤其具有无法控制的愿望，她们想在更适合于男孩（因为男孩的体格与女孩不同）的游戏和活动中大显身手，吸引人们的注意。她们爬树，更喜欢跟男孩子一起玩，认为所有"女孩子气的"活动都是可耻、丢脸的，并因此避之唯恐不及。只有男性化的活动才能让她们感到满足。当我们理解了对优越感的追求更多地与事物的象征意义，而不是生活的活动有关时，我们便容易理解这些偏爱男子气概的现象了。

三、所谓的女人低能

一直以来，男人习惯于通过坚称他的地位是自然赋予的、他的支配地位是女人的低能造成的，来证明自己拥有支配地位的合理性。女人低能这个概念传播得非常广泛，以至于它似乎已成了所有民族的共同财产。与这种偏见密切相关的是男人的某种不安，这种不安很可能起源于反对母系氏族的战争年代，当时，女人是男人真实性焦虑的根源。我们在文学作品和历史文献中时常能看到这类表述。一位拉丁作家曾写道，"女人是男人的福乐所寄""女人是男人不解的困惑"。在神学会诊书卷中，女人是否有灵魂是人们经常争辩的问题，还有学术论文专门探讨了女人是否确实是人的问题。长达一个世纪对女巫的迫害和焚烧就是这些错误的令人遗憾的观念造成的，在那个被人遗忘的时代，人们对这个问题存在极大的不确定和困惑。

女人常被视为万恶之源，这在《圣经》的原罪概念或荷马的《伊利亚特》（*Iliad*）中都可以看到。海伦的故事表明，一个女人可以使整个民族陷入不幸。不管哪个时代的民间传说和神话故事都包含对女人道德水平低下、邪恶奸诈、虚情假意、背信弃义、变化无常的描述。有人甚至将"女人般的愚蠢"用作法律诉讼中的辩论词。与这些偏见一致的是对女人的才干、勤奋及能力的贬低。在所有民族的所有文学中都充斥着贬低、批判女人的形象比喻、奇闻逸事、警句格言和笑话。人们常常责骂女人心怀恶意、心胸狭窄、愚蠢糊涂，等等。

为了证明女人的低能，这些证言有时候异常尖刻。一些男人，如斯特林堡（Strindberg）、墨比斯（Moebius）、叔本华（Schopenhauer）、魏宁格（Weininger）等都持这种观点，持这种观点的人数由于一批为数不少的人认同女性的低能而不断壮大。他们拥护女性处于顺从地位的观点。对女性和女性劳动的贬低，还表现为：不管女人的劳动和男人的劳动是否具有同等的价值，女人的劳动所得都比男人的低。

在比较智力测验和才能测验的结果时，我们确实发现，在一些特定的科目，如数学上，男孩子表现出了更多的才能；而在其他一些科目，如语言上，女孩子则表现出了更多的才能。男孩子确实在那些能够培养他们去从事男性职业的学科学习上表现出了更大的才能，但这种更大的才能却只不过是一种表象。如果我们对女孩子的处境做更为深入细致的探究，就会认识到，所谓女性能力较差的说法显然是无稽之谈。

女孩子每天都会听人说，女孩不如男孩有才能，女孩只适合做一些不重要的事情，等等。于是，毫不奇怪，女孩会逐渐坚信女人不可改变的悲苦命运，而且，由于她在儿童期缺乏训练，迟早会真的相信自己是毫无能力的人。就这样，她变得灰心丧气，即使有一个担任"男性"职业的机会摆在她面前，她也会先入为主地得出结论，认为自己对这份职业没有足够的兴趣。即使她有这样的兴趣，她也很快会丧失这种兴趣，因此，她等于放弃、否认了外在和内在的准备。

在这样的情况下，女人无能的证明似乎无可争议了。导致这种结果的原因有两个。第一个原因是事实上人们在判断一个人的价值时通常是从纯粹的事业观点，或以片面的、完全以个人为中心的依据来判断，这就加重了这个错误。在这些偏见的影响之下，我们几乎不能理解人的表现和能力在多大程度上与精神的发展相一致。这就把我们引向了导致女人能力不如男人这一谬论的第二个原因，即人们经常会忽略这样一个事实：女孩子来到这个世界，两只耳朵听到的都是对女性的偏见，而这种偏见只会剥夺她对自身价值的信念，粉碎她的自信心，摧毁她想做一些有价值之事的希望。如果这种偏见不断得到强化，如果女孩一次又一次地看到女人都是怎样在扮演着卑躬屈膝的角色，那么不难理解，她将会失去勇气，不能面对自己的责任，不能解决自己生活中的问题。然后，她就真的变成了无用、无能的人！然而，如果我们在对待一个人时，破坏他与社会之关系方面的自尊，导致他放弃成就任何事情的希望，摧毁他的勇气，然后我们就真的会发现他一事无成，然而我们通常不敢坚持说自己是对的，因为我们必须承认，是我们导致了他的一切痛苦！

在我们的文明中，女孩子很容易丧失勇气和自信，但事实上，有些智力测验证明了这样一个有趣的事实：参加测试的一组年龄在 14～18 岁的女孩，她们的才能和能力比参加测试的其他所有组都要高，包括男孩组。进一步的研究表明，这些女孩都来自于这样的家庭：她们的母亲要么是家中唯一养家糊口的人，要么在相当大的程度上帮助家庭维持生计。这就意味着：在这些女孩的家庭生活中，认为女人不如男人有能力的偏见要么不存在，要么只在很小的程度上存在。她们能亲眼见到母亲的勤劳是怎样得到回报的，结果，她们得到了更多自由、独立的发展，与认为女人不如男人有能力这一信念密切相关的那些抑制因素完全没能对她们产生影响。

还有其他的证据可以用来反驳这种偏见：为数不少的女人已经在许多不同的领域，尤其是文学、艺术、工艺和医学领域卓有成就，这些非凡的成就完全可以与男人在这些领域所取得的成就相媲美。而且，还有那么多的男人不仅一事无成，而且能力非常低下，以至于我们能轻易找到同样多的证据（当然是虚假的证据）来证明男人比女人低能。

关于女人低能的偏见导致的严重后果之一是，根据这样一种图式，人们对各种概念进行清晰明确的划分和归类："男性"意味着有价值、强大有力、成功、能干，而"女性"则等同于顺从、卑躬屈膝和依附于他人。这种思维方式在人类思维过程中已经根深蒂固，以至于在我们的文明中，一切值得赞美的东西都具有"男性"的色彩，而一切没什么价值或实际上低劣的东西都被称为"女性"专属。我们都知道，对一个男人最大的侮辱莫过于说他女性化，而如果我们说一个女孩男性化，则并不一定是种侮辱。人们说话的语气总让人觉得任何让人联想起女人的东西好像都是低劣的。

通过更为深入细致的观察，我们发现，那些似乎能证明女人低能这一谬见的性格特征，其实只不过是精神发展受到抑制的表现。我们不能坚称自己能让每一个儿童都变成所谓的"天才"儿童，但是我们却总能把一个儿童变成一个"没有才能"的成年人。所幸的是，我们从未这样做过。但我们知道，其他人在这方面做得太成功了。因此，在我们这个时代，相对男孩而言，这样一种命运更常降临在女孩身上，就不是什么难以理解的事情了。不过我们经常有机会看到这些"没有才能的"儿童突然变得非常有才能，以至于人们不得不承认这是个奇迹。

四、逃离女性角色

作为一个男人的明显优势已经在女人的精神发展中引起了严重的紊乱，以致女人几乎普遍不满于自己的女性角色。女人的精神生活与那些处于被压迫境地而有着强烈自卑感的人有非常相似的运动轨迹，几乎遵循同样的运动规则。所谓女人比男人低劣的偏见使事情更加严重、复杂。如果有相当数量的女孩找到了某种补偿，她们通常会将其归功于自己的性格发展，归功于自己的智力，有时候也会归功于自己获得的某些特权。这简单地表明了一个错误有可能会导致其他的错误。这些特权是义务、责任的特殊免除，是奢侈的享受，给人一种处于优势的假象，好像它们所表达的是对女人很大程度的尊重。这里面可能包含一定程度的理想主义，但这种理想主义最终总是男人为了他们自己的利益而塑造的理想。乔治·桑（George Sand）曾对此做了非常生动的描述，她说："女人的美德是男人的一项绝妙发明。"

总的来说，在反抗女性角色的斗争中，我们可以区分出两种类型的女人。一种是前面已经提到过的：朝着积极活跃的"男性"方向发展的女孩。这样的女孩精力极其充沛，野心勃勃，不断为获得生活中值得努力争取的东西而奋斗。她总是试图超过自己的兄弟和男性同伴，选择那些常常被视为男性特权的活动，对运动之类的事情非常感兴趣。通常情况下，她会逃避所有的恋爱、婚姻关系。如果她建立了婚姻关系，则很可能会因为总是竭力想超越于自己的丈夫而破坏关系的和谐！她可能对任何的家务劳动都非常厌恶。她可能会直接地说出自己的厌恶，也可能通过否认自己有做家务的能力，并不断拿出证据试图证明自己永远都不会具有做家务的能力，从而间接地表现这种厌恶。

这种女性试图用一种"男性"的反应方式，补偿男性态度给她们带来的不幸。这种对女性角色的防御态度是她存在的基础。她一直被人称作"假小子""女公子""男子般的"女人，等等。然而，这种称谓建立在一种错误观念的基础之上。有许多人认为，这些女孩的身上存在着一种先天的因素，即一种导致她们采取"男性"态度的"男性"物质或分泌物。然而，整个文明的历史向我们表明，施加于女人身上的压力和她在当今必须忍受的压制，是任何人都无法忍受的；它们总会导致反抗。如果这种反抗以我们所说的"男性"方式表现出来，那么原因仅在于可能的性别只有两种。人们必须在这两种模式中选择其一而从之，要么做一个理想的女人，要么就做一个理想的男人。因此，逃离女性角色只能表现为"有男子气"，反之亦然。这种事情的发生并不是某种神秘分泌物作用的结果，而是因为在某个既定的时间和空间，没有其他的可能性。我们绝不能忽视女孩在精神发展过程中所遇到的困难。只要我们不能保证每一个女人与男人的绝对平等，那我们就不能要求她与生活、与我们文明的现实及社会生活的方式完全保持一致。

第二种类型的女人终其一生都带着一种听天由命的态度，往往表现出几乎难以让人相信的适应、顺从和谦卑。从表面看，她们所到之处都能很好地适应，不管在哪儿，落地就能生根，但事实上她们却往往表现出极度的笨拙和无助，以致最终一事无成！她们可能会产生神经症状，在她们脆弱无力的时候，这些症状会帮助她们求得他人的照顾；她们还借此清楚地向他人表明她们所接受的训练、她们错误的生活方式是怎样时时刻刻地伴随着神经疾病的困扰，从而使她们完全不能适应社会生活的。她们属于世界上最好的人，但不幸的是，她们体弱多病，不能令人满意地迎接生存的挑战。她们在任何时候都不能令周围的人满意。她的屈从、谦卑和自我压抑与她们的姐妹（第一种类型的女人）一样，都是以同样的反抗为基础，这种反抗所表达的意思非常清楚："这是没有任何幸福的生活！"

还有第三种女人，她们并不反抗女人的角色，但在内心深处却痛苦地意识到，她们注定是低男人一等的存在，注定要在生活中扮演从属的角色。她们完全相信女人的低能，就像她们深信只有男人才有责任去做生活中值得做的事情一样。结果，她们认可了男人的特权地位。就这样，她们加入了赞美男性的合唱团，高声赞美男人是实干家、成就者，并要求给他们特殊的地位。她们清清楚楚地表现出自己的柔弱感，就好像她们希望大家都认识到这一点，并因此而给她们更多的支持一样；但这种态度其实是一场长期酝酿的反抗的开端。作为报复，她们轻松随意地说一句"只有男人才能做这些事情"之类的流行语，便将婚姻的责任推到了丈夫身上。

虽然女人被视为低男人一等的存在，但却被委以大部分的教育重任。现在，让我们来描述一下这三种类型的女人在面对这项最为重要、最为艰难的任务时的情况。这样我们同时也能更为清楚地区分这三种类型的女人。第一种持"男性"态度的女人，会专横地对待儿童，动辄处罚，因而会给儿童施加巨大的压力，这些当然是儿童竭力想躲避的。这种教育方式如果奏效，其最好的可能结果是一种毫无价值的军事训练。儿童通常会认为，这种类型的母亲是非常坏的教育者。她们的喋喋不休、高声训斥总不能收到好的效果，而且还常常会产生这样的危险：女孩子可能受到怂恿，模仿她们，而男孩子则会在以后的生活中一想起来就害怕。我们发现，在受到这类母亲管教的男孩子中，有相当多的男孩会尽可能地避开女人，仿佛痛苦已深植心中，而且，他们不可能对女人产生任何信任感。结果，两性之间出现了明确的分界和隔离，其病理性症状我们很容易理解，虽然有些研究者还在大谈"男性元素和女性元素的比例失调"。

而另外两类女人作为教育者也同样徒劳无益。她们可能非常怀疑自己的能力，以至于儿童很快就会发现她们缺乏自信心，便不再理睬她们。在这种情况下，母亲重新努力，唠叨训斥，并威胁要告诉父亲。但她求助于一位男性教育者的事实再一次暴露了她的自信心不足，并表明她不相信自己能在教育活动上获得成功。她从教育问题的前线上撤了下来，就好像她的责任就是要证明她的观点的合理性，即只有男人才能够从事教育，因而教育离不开男人！这种女人可能会完全逃避在教育上做出任何努力，毫不后悔地把教育的责任推给丈夫和家庭教师，因为她们觉得自己没有能力获得任何成功。

在那些因为某些所谓的"更高层次"的原因而逃避生活的女孩身上，我们甚至可以更为明显地看到这种对女性角色的不满。修女或其他从事独身职业的女性，便是恰当的例子。她们用这样一种态度清楚地表明了她们无法与女性角色保持一致。同样，许多女孩年纪轻轻就进入商界，因为这份工作带来的独立，对她们来说似乎是一种保护，使她们可以免受必须结婚的威胁。在这种情况下，驱动力依然是对女性角色的厌恶。

在一个女孩结婚时，我们是不是就可以认为她自愿承担了女性角色了呢？我们了解到，结婚并不一定意味着一个女孩对女性角色的妥协。有一个 36 岁女人的例子就是典型的这种情况。她来找医生，抱怨说她有各种神经性的疾病。她是家里孩子中的老大，她父亲是在年事已高时娶了她那飞扬跋扈的母亲。她母亲年轻貌美，却嫁给了一个老头，这一事实让我们猜想，在父母的婚姻中，对女性角色的厌恶一定发挥了一些作用。她父母的婚姻并不幸福。母亲吵吵嚷嚷地管着家，不惜一切代价地坚持要他人服从自己的意志，而全然不管其他人高兴与否。在所有问题上，老头子都被逼得毫无还手之力。这个女儿还提到她母亲甚至不让自己的父亲躺在沙发上休息。她母亲的整个活动都在于坚持实施她认为值得推行的"治家之道"。这些治家之道是这个家庭必须绝对遵循的法则。

一方面，我们的患者逐渐长大成一个非常能干的孩子，她是父亲的掌上明珠；而另一方面，她母亲从来都对她感到不满，并总站在她的对立面。后来，她有了一个弟弟，母亲对这个弟弟倍加宠爱，于是母女关系开始变得令人无法忍受。还是小女孩的时候她就知道，父亲是她的靠山，不管他在别的事情上多么谦卑、忍让，只要女儿的利益面临危险，他就会挺身而出，为她打抱不平。就这样，她开始从心里痛恨她的母亲。

在母女之间这种激烈冲突中，母亲的洁癖成了女儿有利的攻击点。母亲的洁癖已经到了非常迂腐的程度，以至于她甚至要求女仆在碰过门把手后必须把它擦干净。于是，这小女孩故意把自己弄得又脏又乱、邋里邋遢，在家里到处乱走，并瞅准一切机会把家里弄得乱七八糟，她从这些行为中获得了一种特殊的快感。

她形成的所有性格特征，都与母亲对她的期待正好相反。这一事实清楚地表明，性格并非遗传而来。如果一个孩子形成的性格特征能把她母亲气得要死，那么，在这些性格特征背后，一定潜藏着一个有意识的或无意识的计划。母女之间的仇恨一直持续到了现在，那种更为激烈的交战冲突简直让人难以想象。

在这个小女孩八岁时，家里的情况是这样的：父亲永远站在女儿这一边；母亲则整天板着脸在家里走来走去，说着尖酸刻薄的话，强制推行她的"治家之道"，并训斥她的女儿。心怀怨恨又好战好斗的女儿利用挖苦讽刺的话，破坏母亲的活动，让母亲一点儿办法也没有。还有一个复杂的因素是他弟弟的心脏瓣膜病，弟弟是她母亲的心肝宝贝，备受母亲的宠爱，因为弟弟患病母亲对他的关注到了无以复加的程度。我们可以看到，父母对待孩子的行为一直是对立的。就是在这样的环境中，女孩渐渐长大了。

接着，她突然觉得自己得了谁都解释不了的神经性疾病。她的病实际上是她被自己反抗母亲的罪恶念头折磨着，结果感到自己的一切活动都受到了阻碍。最后，她突然开始深深地沉迷于宗教，但这并没有让她的情况有所好转。过了些时候，这些罪恶念头消失了。家里人认为是某种药物起了作用，虽然更可能的原因是她母亲已被迫转为守势。但这种神经性疾病还是留下了后遗症：她一直非常害怕打雷和闪电。

这个小女孩认为，电闪雷鸣的出现完全是因为她良心太坏，她总有一天会被雷电劈死，因为她对母亲有如此罪恶的想法。我们能看出这个小女孩当时是多么努力地想摆脱自己对母亲的仇恨。她继续长大，好像有一个光明的未来正在向她招手。有一位老师曾这样说："这个小姑娘无论想做什么，都能做成。"这句话对她产生了极大的影响。这句话本身并不重要，可能只是随口说说而已，但对她而言却意味着："只要我愿意，我就能做成任何事情。"意识到这一点之后，她反抗母亲的斗争更为强烈了。

青春期到了，她长成了一个美丽动人的少女，到了适婚的年龄，成了许多青年追求的对象。但由于她说话非常尖酸刻薄，许多可以建立关系的机会都被她破坏了。她觉得自己只被一个男人吸引，那是一个住在附近的年纪比她大很多的男子，大家都害怕有一天她会嫁给他。但过了一段时间，那个男人就搬走了，而她仍住在那个地方，一直到 26 岁都没有找到合适的对象。这在她的圈子里是一件很不寻常的事，没人能对此做出解释，因为他们都不知道她的经历。由于从童年开始就一直处在反抗母亲的激烈战争中，因此她总爱争吵，让人无法忍受。发动战争就是她的胜利。母亲的行为经常激怒这个女孩，使她不断寻求新的胜利。激烈的唇枪舌剑是她最大的快乐；她从中满足了自己的虚荣心。她的"男性"态度还表现为她渴望这样的唇枪舌剑，只有在唇枪舌剑中，她才能战胜她的对手。

　　她在 26 岁时结识了一个非常体面的男人，他没有被他的好战性格吓跑，非常诚挚地追求她。他在她面前非常谦卑、顺从。亲戚们给她施加压力，要她嫁给这个男人，这使得她只能一次又一次地解释：他令她很不愉快，她想都没有想到要嫁给他。当我们了解了她的性格特征后，就不难理解她的这种反应了，但在抵抗了两年后，她最终接受了这个男人的求婚，并深信她已让他成了自己的奴隶，她可以随心所欲地对待他。她在心中暗自希望能在他身上看到她父亲的翻版，他能像父亲一样对她有求必应，百般顺从。

　　很快，她就发现自己犯了一个错误。结婚后没几天，她丈夫就开始坐在房间里，一边抽着烟斗，一边舒服地读着报纸。他早上去办公室，中午准时回家吃饭，如果到家时饭还没准备好，就会咕咕哝哝。他要求她必须干净、温柔、整洁，还有许多她没有任何心理准备的无理要求。这种关系与她和父亲之间的关系没有任何相似之处。她的梦想破灭了。她要求得越多，丈夫就越少满足她的要求；而她的丈夫越是要求她扮演家庭主妇的角色，她就越是不干家务活。她每天一有机会就提醒他，他实际上没有权力向她提出这些要求；同时她也直言不讳地告诉他，她不喜欢他。但这完全没有对他产生任何影响。他继续不为所动地向她提出那些无理的要求，这让她觉得自己的未来毫无幸福可言。这个正直、有责任感的男人曾陶醉在谦逊的状态中拼命追求她，但一旦追到手，便不再陶醉忘情了。

　　她当了母亲后，存在于他们之间的这种不和谐也没有发生任何变化。而她被迫承担了新的责任。在此期间，她与自己母亲的关系变得越来越糟糕，因为母亲总是劲头十足地维护女婿。在她家里，持续的战争已带上浓重的火药味，以致毫不奇怪，她丈夫有时候行为粗暴，对她缺乏体贴关心，所以有时候她的抱怨也确实有道理。她丈夫的行为是她难以接近这一事实所导致的直接结果，而她的难以接近又是由于她无法与自己的女性角色保持一致所导致的。起初，她相信自己能够永远扮演女皇的角色，悠闲地生活，身边始终跟着一个能满足她所有愿望的奴隶。只有在这样的情形下，生活于她而言才是可能的。

现在她能做些什么呢？难道要她和丈夫离婚，回到母亲身边，并宣布自己的失败吗？她没有能力过独立的生活，因为她对此没有任何的准备。离婚对她的骄傲和虚荣来说将是一种侮辱。生活对她来说是一种痛苦：一边是丈夫对她的指责批评，另一边是严厉的母亲不停地告诫她要保持干净、整洁。

突然，她开始变得干净整洁了，一天到晚不停地又洗又擦，打扫卫生。好像她最后终于领悟了，接受了她母亲这么多年来一直反复强调的教导。一开始，看到她不停地倒垃圾，擦拭写字台、橱柜、壁橱，她母亲必定是喜笑颜开，她丈夫也一定因为事情的突然转变而感到很高兴。但她把这样的事情做得太过了。她不停地洗啊擦啊，直到把家里所有能擦的东西都擦一遍，她干得热火朝天，以至于不愿意受到任何人的打扰；而她的这种热情反过来干扰到了其他所有人。如果有人碰了她洗过的某样东西，她就会再洗一遍，而且只有她自己洗才可以。

这种没完没了的擦洗中表现出来的病态，常见于那些对自己的女性角色持不满、好战态度的女人，她们试图通过这种方式表明自己拥有爱整洁的完整美德，并以此抬高自己，使自己优越于那些不怎么经常擦洗的人。她们的这一切努力在无意识之中都仅仅只是为了把整个家搅乱。有这种女人在的家，可以说是最为混乱无序的。她们的目标不是让家里窗明几净，而是要把整个家搅得一塌糊涂。

我们可以举出无数的例子来说明对女性角色的认同仅仅只停留在表面。我们这位患者没有女性朋友，跟谁也相处不好，而且从来都不知道为他人考虑，这一切与我们所预期的她可能有的生活模式正好吻合。

今后，我们有必要逐步发展出更好的教育女孩的方法，让她们有更充分的准备，与生活保持一致。即使在很好的条件下，有时候也不可能实现这种与生活的一致，就像上述例子一样。在我们这个时代，虽然任何一个具有真正心理洞察力的人都否认所谓的女人低能的说法，但法律和传统一直维护这一点。因此，我们必须随时保持警惕，以识别并抵制这方面的整套社会错误行为的技术。我们必须加入这场战斗，这并不是因为我们对女人有某种过分夸大的尊重，而是因为现有的这种错误态度否定了我们整个社会生活的逻辑。

让我们借此机会来讨论一下经常被用来贬低女人的另一种关系：所谓的"危险年龄"，即女人50岁左右这段时期，与这个时期相伴随的是出现一些性格特征。生理上的变化向已处于绝经期的女人表明，痛苦的日子已经来临，她将永远失去她一生中辛苦建立起来的那一点点表面上的意义。在这样的情形下，她往往会加倍地努力寻找任何有用的、能维持她那相比于从前正摇摇欲坠之地位的东西。我们的文明中有一条支配性的原则，那就是：只有当前的表现才是价值的源泉；每一个上了年纪的人，尤其是日渐衰老的女人，在这个时候都会体验到种种困难。完全否定上了年纪的女人的价值给她们带来的伤害，会影响到每一个人，因为在壮年时期，我们毕竟不可能日复一日地只计算自己的价值。一个人在生命高峰期所成就的一切，必须在他日薄西山、能力和活动减弱时仍旧归功于他。仅仅因为一个人老了，就将他完全排除在社会精神关系与物质关系之外，是不对的。对于一个女人来说，这事实上就等于是贬低和奴役。想象一下，一个正值妙龄的少女在想到自己未来生活的这个阶段时会是怎样的心情。女性角色并没有因为50岁的到来而消失。一个人的荣誉和价值会超越这个年纪而保持不变。这一点必须得到保证。

五、两性间的紧张状态

所有这些不幸现象的基础都在于我们文明的错误。如果我们的文明带有偏见，那么这种偏见会延伸开来，并触及文明的每一个方面，而且，这种偏见还会在每一个地方表现出来。认为女人低能的谬见及其必然的推论，即认为男人高女人一等，不断地扰乱着两性间的和谐。结果，所有性爱关系中都出现了一种非同寻常的紧张状态，它威胁并常常完全毁灭两性间每一次幸福的机会。我们的整个爱情生活都被这种紧张状态毒化、歪曲、腐蚀了。这就解释了为什么我们很少能看到美满和谐的婚姻的原因，这也是为什么很多儿童在成长过程中觉得婚姻极其困难、极其危险的原因。

我们在前面所描述的这些偏见在很大程度上妨碍了儿童充分地理解生活。想想有多少的年轻姑娘只把婚姻当作逃避生活的一个紧急出口，想想又有多少的男女认为婚姻只是不可避免的不幸！因为两性间的这种紧张状态而导致的困难，在今天已占极大比例。这个比例正越来越大，女孩子越来越明确地倾向于逃避社会强加在她身上的女性角色，男人则越来越想扮演拥有特权的角色（尽管这一行为中存在着许多的错误逻辑）。

同伴关系是真正与性别角色保持一致以及两性之间真正保持平衡的独特标志。两性关系就如同国际关系一样，任何一方对另一方的隶属服从都是无法忍受的。每一个人都应该非常认真地考虑这个问题，因为错误的态度可能会给双方都带来相当大的障碍。这是我们生活中一个非常普遍又极其重要的方面，以至于我们每一个人都牵涉其中。而在我们这个时代，它变得越来越复杂了，因为每一个儿童都被迫形成一种贬低异性、否定异性的行为模式。

当然，一种从容的教育能够克服这些障碍，但我们现今的匆忙生活、真正经过证明和检验的教育方法的欠缺，特别是我们整个生活的竞争性（这种竞争性甚至已经延伸到了幼儿园），在很大程度上决定了以后生活的倾向。现在有那么多人在恋爱关系面前退缩，造成这种恐惧的主要是那种毫无作用的压力，它迫使每一个男人在任何情况下都要证明自己的男子气概，哪怕这种证明必须靠背信弃义、心狠手辣或诉诸武力来完成。

不言而喻，这就破坏了恋爱关系中的一切坦诚和信任。唐璜（Don Juan）就是这样的人，他怀疑自己的男子气概，因而他需要靠征服来不断地证明自己。两性之间普遍存在的不信任阻碍了所有的坦诚，结果整个人类都蒙受了损失。被夸大了的男子汉理想意味着不断的挑战、不断的鞭策和焦躁不安，其结果自然只能是虚荣、自我丰富和对"特权"态度的坚持；而所有这一切当然与健康的社会生活背道而驰。我们没有理由反对妇女解放运动以前提出的目的。我们的责任是在她们为获得自由和平等而努力的过程中支持她们，因为整个人类的幸福最终都依赖于这样一个先决条件，即女人能够与其女性角色保持一致。同样，男女两性之间关系的妥善解决最终也依赖于这个先决条件。

六、改革的尝试

在为改善两性关系而建立的所有制度中，男女同校教育是最为重要的。这种制度至今还没有被普遍接受；有人反对，也有人支持。支持者认为，他们最有力的证据是：通过男女同校教育，男女两性从很小的时候开始就有机会相互了解，这种了解能在一定程度上避免种种错误的偏见及其灾难性的后果。反对者则通常反驳说，男孩和女孩在入学时就已经有了很大的差异，以致男女同校教育只会扩大这种差异，因为男孩子会感到压力重重。之所以会出现这种情况，是因为在学龄期，女孩的精神发展要比男孩快一些。而这些必须时时维持特权并证明自己事实上比女孩更能干的男孩，突然发现自己的特权其实只不过是一个一碰就破的肥皂泡。其他研究者认为，在男女同校教育中，男孩在女孩面前会变得焦虑不安，并丧失自尊。

毫无疑问，这些论据都有一定的道理，但只有从两性之间为了赢得"更有才能和能力"的奖赏而相互竞争的意义上考虑男女同校教育，这些论据才站得住脚。如果男女同校教育对老师和学生而言仅意味着这一点，那它就是个有害的东西。如果我们找不到一个对男女同校教育有更好见解的老师，也就是说，如果没有哪个老师认识到这种制度是为两性在以后社会工作中的合作提供训练和准备的话，那么，在男女同校教育上所做的一切都将归于失败。该制度的反对者也将从这种失败中看到其观点的正确性。

要想对整个情形做适当的描述，非得请一个富有创造力的诗人才行。而我们只要讲清楚主要的观点，就应该心满意足了。一个正值青春期的女孩的行为举止往往让人觉得好像她低人一等似的，而且，我们在前面有关器官缺陷之补偿部分所谈到的内容也同样适用于她。区别在于：这个女孩认为自己低人一等的信念是环境强加给她的。她不可逆转地被带进了这样一个行为模式，以至于甚至极富洞察力的研究者也时常会误以为她低人一等。这一谬误所导致的普遍结果是：两性最终都陷入了追求显赫权术的泥潭中，都竭力想扮演并不适合他们的角色。结果如何呢？结果，双方的生活都变复杂了，他们的关系丧失了一切坦诚，彼此脑子里装的都是谬误和偏见，所有幸福的希望都因此而化为泡影。

第八章　家庭排行

我们经常提醒大家注意这样一个事实：在对一个人做出判断之前，必须先了解他的成长环境。一个重要的环境因素就是儿童在家庭排行中的位置。根据这个观点，我们通常可以在掌握了足够的专门知识后对人进行分类，并能识别出某人是家中的老大、独生子，还是家中最小的孩子等。

人们似乎很早以前就知道，家中最小的孩子通常属于特殊的一类。无数的神话故事、民间传说和《圣经》故事都证明了这一点，在这些故事中，最小的孩子看起来总有很多相似之处。事实上，他确实是在一个大大有别于其他所有人的环境中长大的，因为在父母眼里，他是独特的，而且作为最小的孩子，他总是受到特别周全的照顾。他不仅年龄最小，而且通常个子也最小，因而，他最需要帮助。他的兄弟姐妹都已经具有一定的独立性，获得了一定的成长，而他此时还是很柔弱，正因为如此，他通常是在一种比其他人所体验到的更为温暖的氛围中长大。

因此，他形成了一些对他的生活态度影响甚大的性格特征，并导致他成了一个与众不同的人。有一个看似与我们的理论相矛盾的情形必须提一下：没有哪个儿童喜欢做最小的那一个，大家都不喜欢做那个一直不受人信任的人，不喜欢做那个一直没有自信心的人。这样一种认识往往会刺激儿童去证明他什么都能做。他对权力的追求变得越来越明显、突出，而且我们发现，家里最小的孩子通常有一种想要战胜其他所有人的强烈欲望，只有成为最好的那一个，才能让他们满意。

这种类型的人并不少见。这些最小的孩子中有一部分超过了家庭中的其他成员，成为家庭中最能干的人。而这些最小的孩子中还有一部分人较不走运，他们也有想超过他人的愿望，但却由于与哥哥姐姐的关系而缺乏必要的活动和自信心。如果不能超过哥哥姐姐，这些最小的孩子通常会逃避自己的任务，变得胆小懦弱，就像一个习惯性的原告，永远都在寻找借口逃避自己的责任。他的野心并没有变小，而是采取了另一种方式的野心，即迫使自己从现在的处境中挣脱出来，并在生活必需问题之外的活动中使自己的野心得到满足，以尽可能地避免对他的能力进行实质性检验的危险。

毫无疑问，许多读者一定会想到，这个最小的孩子表现得好像他受到了忽视一样，他内心深处一定有一种自卑感。在研究中，我们确实总能发现这种自卑感，同时，我们还能从他现有的这种痛苦感觉中推断出他精神发展的特质和方式。从这个意义上说，家中最小的孩子就像一个生来就有器官缺陷的儿童。他感觉到什么实际上并不一定很重要。事实上发生了什么，一个人是否真的低人一等，这些都无关紧要。重要的是他对自己所处境况的理解。我们都很清楚地知道，人在童年时代是很容易犯错误的。此时，儿童面临着众多的问题、众多的可能性和众多的结果。

教育者该做些什么呢？他应该不停地给儿童强加额外的刺激，激发他的虚荣心吗？他应该不断地把儿童推向人们注意的中心，使他总是名列第一吗？不，这将是对生活挑战的一种无力回应。经验告诉我们，一个人是否名列第一并不重要。相反，强调其反面，即明确告诉儿童名列第一或做最好的那一个并不重要，可能会更好。我们真的已经厌倦了仅仅强调儿童要成为名列第一者、最优秀者。历史和经验都表明，成为第一或最优秀者并不能让人幸福。给儿童灌输这样的原则会使他变得片面；尤其是会剥夺他成为一个好同伴的机会。

这种教导的第一个后果是：儿童只考虑他自己，整天想着会不会有人超过他。他的灵魂中会滋生出对同伴的嫉妒憎恨，以及对自己地位的担心焦虑。他在生活中的位置（家中最小的一个）就像一个调速器，不停地调整他前进的速度以超越其他所有人。他灵魂中那个参赛者、那个马拉松选手已暴露在他的整个行为中，特别是在一些小动作上表现了出来，这些小动作对于那些尚未学会根据人的所有关系来判断其精神生活的人来说，不太明显。比如，这些儿童总爱走在行进队伍的最前面，他们受不了有人出现在他们前面。这样一种竞争态度是很多儿童的特点。

我们发现，这种类型的最小孩子有时是非常典型的例子，虽然其他类型也很常见。在最小的孩子中，我们发现有些孩子积极能干，他们发展得特别好，以至于成了全家的救星。想想《圣经》故事中的约瑟，这是对最小孩子的处境的精彩阐述。这就好像是过去的历史用充分的证据，目的明确、清晰地告诉了我们一个道理，而这个道理是今天的我们费尽苦心才能获得。在几个世纪的历史进程中，许多非常有价值的资料被遗失了，我们必须设法重新找到它们。

还有一类儿童也很常见，他们是从第一类儿童发展演变而来。想象一下我们的马拉松选手突然遇到了他认为自己无法跨越的障碍时的情形吧。他一定会设法避开障碍，绕道而行。而当这种类型的最小孩子丧失了勇气时，他却会变成我们所能想象的彻头彻尾的懦夫。我们发现他会远离生活的前沿，任何的工作对他来说都是无法承受的负担，最后，他变成了一个名副其实的"善于找借口的能手"，不愿去尝试任何有用的事情，把自己的所有精力都用在浪费时间上。一遇到实际的冲突，他总是失败。通常情况下，我们发现他总是小心翼翼地寻找一块不存在任何竞争可能性的活动领域。他总是为自己的失败寻找借口。他可能会声称自己太软弱或太受宠，或者说他的哥哥姐姐不让他有所发展。如果他真的有某种生理上的缺陷，那他的命运就会更悲惨，在这种情形下，他肯定会利用自己的虚弱来为自己的逃避辩解。

这两种类型的人都很难成为他人的好同伴。在这个看重竞争的世界上，第一种类型的人会生活得更好一些，这种类型的人只能以牺牲他人为代价来维持自己的精神平衡；而第二种类型的人往往一直生活在自卑感的重压之下，只要活着，他们就会因为不能与生活保持一致而备受煎熬。

家中最大的孩子也有其显著的性格特征。首先，他的优越地位给他带来的好处，使他的精神生活得到了发展。历史上已经公认，长子往往拥有特别有利的地位。在许多民族、许多阶级中，这种有利的地位已成为传统。例如，在欧洲，农夫的长子无疑从很小的时候就知道自己的地位，并认识到有一天他将接管农场，因此，他发现自己的地位比家中其他孩子要优越得多，而其他孩子也知道，他们将必须在某个时候离开父亲的农场；在其他社会阶层，人们普遍认为，长子终有一天将成为一家之主。甚至在这一传统还没有实际成形的阶层，如在一般的资产阶级或无产阶级家庭中，长子通常也是被认为具有足够的能力和常识成为父母的帮手或协助父母监督弟弟妹妹的人。我们可以想象，不断得到周围他人委以重任的信任，对一个儿童来说是多么可贵的事情。可以想象，他的思想过程有点类似于这样："你更高大，更强壮，更年长，因此，你也必须比他们更聪明。"

如果他在这方面的发展不受阻碍，那么我们就会看到，他将具有维护法律和秩序的特点。这种人特别看重权力。这不仅指他自己的个人权力，而且总的来说，还会影响他们对权力概念的评价。对长子来说，权力是一种完全不言自明的东西。毫不奇怪，这种人极其保守。

家中排行老二的孩子在追求权力方面也有其特殊之处。排行老二的孩子不断凭借自己的力量，在压力之下追求优势：在生活中，决定其活动的竞争态度在他们的行为中表现得非常明显。家中已经有一个人在他前面获得了权力这一事实，对排行老二的孩子来说是一种强烈的刺激。如果他能够发展自己的能力，投入与老大的战争，那么，通常情况下，他就会以极大的热情向前迈进，而拥有权力的长子起初还感到自己相对安全，但很快就会感觉到被老二超过的威胁。

《圣经》中关于以扫（Esau）和雅各（Jacob）的传说，对此情形有过非常生动的描述。在这个故事中，兄弟之间的斗争残酷地进行着，他们在很大程度上不是为了实际的权力，而是为了权力的表象；在这样的情况下，斗争强制性地持续着，直到目标实现，长子被推翻，或者斗争失败，而撤退常常以神经性疾病的方式表现出来。老二的态度与贫苦阶级的嫉妒很相似。其中的基调是被轻视、被忽略的感觉。排行老二的孩子可能会把自己的目标定得太高，以至于终其一生都受其折磨，在以后的生活中，内心的和谐会被打破，因为他所追求的不是实实在在的生活，而是转瞬即逝的想象和毫无价值的假象。

当然，独生子女处于非常特殊的处境。他完全受其环境中教育方法的摆布。可以说，他的父母在这件事上别无选择。他们把自己全部的教育热情都投注在了他们唯一的孩子身上。于是，这个孩子会变得依赖性很强，总是等着别人给他指明道路，总要寻求他人的扶持。由于生来就被人娇惯，他已经习惯了一帆风顺，因为他人生道路上的所有障碍都已经被人清除干净。由于一直是众人关注的中心，因此他很容易产生这样的感觉，即他真的很有价值。这样一来，他就陷入了非常不利的境地，以至于几乎不可避免地会产生错误的态度。如果父母理解他危险的处境，那么，不可否认，他还是有可能避开其中的许多危险，但不管怎样，这都是一大难题。

独生子女的父母通常都异常得小心谨慎，他们自己经历了生活中的重重险境，因此他们对待自己的孩子总是过分关心。而孩子则将他们的关注和告诫理解为更多压力的源头。父母对他的健康和幸福的持续关注，最终会使他认为这个世界是一个充满敌意的地方。他的内心会永远害怕遇到困难，而且，他总是用一种毫无经验的笨拙方式来处理所遇到的困难，因为他一直以来只经历过生活中快乐的事情。这样的儿童在每一项独立活动上都会遇到困难，他们迟早都会成为于生活无用之人。可以预期，他们生活中的活动最终都会失败。他们就像生活中的寄生虫，整天无所事事，只等着享受生活，而其他人则要时时关心他们的需要。

各种类型的竞争都有可能出现，同性别的兄弟或姐妹会相互竞争，不同性别的兄弟姐妹之间也会彼此竞争。因此，对任何一种情形做出评价都极其困难。家里有几个女孩却只有一个男孩的处境，是与本章相契合的例子。在这种家庭中，女性影响占绝对优势，而这个男孩则被推到了幕后不显眼的地方，特别是当他又是家中最小的孩子时更是如此，他会觉得自己被一群女人密不透风地围在中间，遭到她们的反对。他为获得认可而做出的努力往往会遭遇极大的困难。他各方面都受到威胁，从未确切感觉到我们这种发展迟缓的男性文明赋予每个男性的特权。持续存在的不安全感、没有能力评价作为一个人的自己，是他最独特的性格特征。他受到家里众多女人的极大威胁，以致会觉得作为一个男性，他的地位并不比女人更荣耀。一方面，他的勇气和自信心可能很容易消失；另一方面，他所受到的刺激可能非常大，致使这个小男孩不得不迫使自己去取得巨大的成就。这两种情形都出自同一境遇。这种男孩的最终结果如何，取决于其他相互伴随、密切相关的现象。

因此，我们看到，儿童在家庭中的排行可能会影响他与生俱来的所有本能、性向、才能，等等。这一断言使得特殊性格特征或才能来自遗传的理论变得不再有价值可言，这一理论对所有的教育努力都极为有害。毫无疑问，在有些场合和情形中，遗传影响的结果可以明显地显现出来。例如，一个在完全远离其父母的环境中长大的儿童，可能会形成某些相似的"家族"特征。如果我们还记得儿童某些类型的错误发展与他身体的遗传缺陷有怎样的密切关联，那么，这个问题就好理解多了。假设有一个儿童生来就身体虚弱，这进而导致他对生活的要求与环境之间出现更大的紧张状态。如果他的父亲生来也有类似的器官缺陷，在探索世界的时候也出现了类似的紧张状态，那么毫不奇怪，这对父子会犯类似的错误，形成类似的性格特征。从这个观点看，我们认为，这种认为性格特征是遗传而来的理论似乎是建立在证据很不充分的基础之上的。

综上所述，我们可以断定，无论儿童在其发展过程中暴露出了什么样的错误，其最为严重的后果都源自于他的这样一种欲望：使自己凌驾于所有同伴之上，并寻求更多的个人权力以使自己处于比同伴更具优势的地位。在我们的文化中，他实际上被迫根据一种固有的模式发展。如果我们想阻止这样一种恶性的发展，就必须知道他必然会遭遇的种种障碍，并理解这些障碍。有一个基本的观点能够帮助我们克服所有这些障碍，那就是关于发展社会感的观点。如果这种发展取得了成功，那么障碍就无足挂齿了，但这种发展的机会在我们的文化中相对罕见，因此，儿童所遭遇的障碍还会在生活中扮演重要的角色。一旦认识到这一点，我们在看到许多人终其一生都在为生活而战，而另一些人则觉得生活是痛苦的深渊时，就不会感到奇怪了。我们必须理解，他们是一种错误发展的牺牲品，这种错误发展导致的不幸后果是：他们对待生活的态度也是错误的。

因此，在对我们的同伴做出判断时，我们应该非常谦逊，最重要的是，我们绝不能做任何的道德判断，绝不能做关于一个人的道德价值的判断！相反，我们必须使我们对这些事实的知识具有社会价值。我们必须充满同情心地对待这样一个犯了错误、被引入了歧途的人，因为我们比他自己更了解他内心深处所发生的一切。这就引出了关于教育问题的一些重要的新观点。对于错误根源的认识，使我们掌握了许多具有影响力的改良方法。通过分析一个人的精神结构及其发展，我们不但能了解他的过去，还能进一步推断他的未来。这样，我们这门科学就让我们了解了一个人的真实样子。对我们来说，这个人就成了一个活生生的人，而不仅仅只是一个扁平的轮廓。因而，我们对他作为一个同伴的价值的理解，会比我们同时代的其他人通常所理解的更为丰富、更有意义。

第二部分　性格科学

第一章 概 论

一、性格的本质与根源

我们所谓的性格特征，指的是个体在试图让自己适应周围生活世界的过程中所出现的一种特殊的表现方式。性格是一个社会性的概念。我们只有在考虑个体与周围环境的关系时，才谈及性格特征。谈论鲁宾孙·克鲁索具有什么样的性格几乎没有什么意义。性格是一种精神态度，是个体对他的生活环境所采取之态度的特性和本质。性格是一种行为模式，通过这种行为模式，个体对意义的追求以其社会感的形式得到淋漓尽致的表现。

我们已经看到，获得优越感、权力以及征服他人是怎样变成指引大多数人的活动目标的。这个目标改变了世界哲学与行为模式，引导个体以某些特定的途径来进行形形色色的精神表达。性格特征只是任何一个个体的生活方式、行为模式的外在表现。因此，性格特征让我们能够理解他对其周围环境、同伴、他所生活的社会，以及一般意义上的生存挑战的态度。性格特征是整个人格获得认可及使其重要性被承认的工具和伎俩；而性格特征在人格中的位置相当于是一种生活"技巧"。

性格特征不是遗传的（虽然有很多人都认为是遗传的），它们也并非先天就存在。我们应该将其视为一种与生存模式相类似的东西，这种模式使得每一个人在任何情形下都能够过自己的生活并表现其人格，而无须有意识地去加以考虑。性格特征并非遗传或气质倾向的表现，相反，它是为了维持一种特定的生活习性而获得的。比如，一个儿童之所以懒散，并不是因为他天生懒散，而是因为对他来说，懒散似乎是能够使生活变得较为轻松的最具适应性的手段，而且，这种手段同时还能够让他保持自己的意义感。在这种懒散模式中，权力态度也能够得到一定程度的体现。有人可能会有意让他人注意到他的先天缺陷，从而在失败面前保住自己的面子。这种内心活动的最终结果往往与此类似："如果我没有这个缺陷，我的才能就会得到很好的发展。但很不幸的是，我确实有这个缺陷！"而有的人由于无节制地追求权力，从而卷入与周围环境的持久战，这样的人将会发展成为：任何形式的权力表现都足够他发起战争，如野心、妒忌、不信任等。我们相信，虽然这些性格特征与人格难以分辨，但它们却不是遗传的，也不是不可改变的。进一步的观察表明，它们已被发现是行为模式的充分且必要条件，而且也是为了这一目的而获得的，有时候在生命早期就已经获得。它们通常不是原发因素，而是继发因素，是由于人格的隐秘目的而被迫形成的。我们必须用目的论的观点对它们加以判断。

让我们来回忆一下之前的解释：我们已经表明，一个人的生活方式、他的行动、他的行为、他的世界观都与他的目标有着紧密的联系。如果脑子里没有某个明确的目标，那我们就不能思考，也无法付诸行动。在儿童灵魂的黑暗背景中，这个目标就已经存在，并从他出生伊始便指引着他精神发展的方向。它赋予他生活的形式和特征，并由此导致这样一个事实，即每一个个体都是一个独特的、有头脑的整体，有别于所有其他的人格，因为他所有的活动和所有的生活表现都是为了实现一个普通但却独一无二的目标。意识到这一点就是认识到我们随时都可以辨认出一个人，只要我们知道了他的模式，就能在他行为的任何过程中辨认出他来。

就精神现象和性格特征而言，遗传所起到的作用相对而言没有那么重要。没有任何现实的证据可以支持性格特征是由于遗传而获得这样一种理论。如果对个体精神生活中的任何一个特殊现象进行探究，并且一直追究到他出生的第一天，你会发现，好像一切都确实来自遗传。整个家庭、整个国家或者整个种族之所以会存在同样的性格特征，其原因仅仅在于这样一个事实，即每一个个体都是通过模仿他人，或者使自己的活动与他人保持一致的过程而获得这些性格特征的。物质生活和精神生活中有一些现实、特质、表现和形式，对于生活在我们这种文化之中的青少年而言尤其重要。它们所具有的共同特征在于：它们能刺激青少年进行模仿。因此，在诸如视觉器官有障碍的儿童身上，对知识的渴求（有时候这种渴求会表现为看的欲求）有可能会导致好奇心这样一种性格特征的出现，不过，这种性格特征并非必定会出现。如果出于这个儿童的行为模式的需要，这种对于知识的渴求也可能会发展成为另一种完全不同的性格特征。这个儿童可能会通过探究一切、剖析一切、分解一切来满足自己的需要。或者，这个儿童在其他情形下也可能会成为一个书呆子。

我们可以用同样的方法来评价那些有听力障碍的儿童的不信任态度。在我们的文化中，这些有听力障碍的儿童会面临更大的危险，而且，他们会用特别敏锐的注意力来感知这种危险。他们还会遭人嘲笑、贬低，并经常被人视为废物。这些正是导致他们形成不信任他人之性格的最为重要的因素。既然有许多乐趣是聋哑人享受不到的，那么，他们会对这些乐趣心存敌意也就不足为奇了。但是，认为他们生来就具有不信任他人的性格是毫无根据的。提出犯罪性格特征具有先天性的理论也同样是荒谬的。有论据指出，有很多罪犯都来自于一个家庭，对于这一论据，我们可以用这样一个事实来进行有力的反驳：在这些案例中，之所以出现一个家庭有多个罪犯的情况，与某种传统、某种世界观，还有某个坏榜样密切相关。这些家庭中的儿童往往在很小的时候就学会了这样一个事实，即偷窃也可以成为谋生的手段。

我们可以用同样的方式来思考对于获得认可的追求。每一个儿童在生活中都会面临非常多的障碍，以致没有哪个儿童在成长过程中不去追求某种形式的意义感。追求的形式会发生互换，而且每一个人都会以他自己独特的方式来处理个人意义感这个问题。有人说，儿童的性格特征往往与其父母相似，我们通过这样一个事实便可以很容易地解释这个观点，即儿童在追求意义感的过程中，将周围那些已经获得意义感并受到尊重的人当成了自己的榜样和理想典范。每一代人都是以这样的方式向其祖辈学习，他们可能会遇到最难、最复杂的事物，但他们还是会坚持在追求权力的过程中让自己学到东西。

追求优越感（superiority）的目标是一个隐秘的目标。社会感的存在往往会阻止它的自由发展。它只能悄悄滋生，并躲在一副友好面具的后面！不过，我们必须重申一遍：如果人与人之间能够更好地相互理解，那它就不会像热带植物一样旺盛地生长。如果我们每一个人都能够做到独具慧眼，能够更为透彻地洞察邻居的性格，那么，我们不仅能更好地保护自己，同时也让对方很难表达他对权力的追求，使他这样做就会得不偿失。在这样的情况下，经过伪装的对权力的追求就会消失。因此，我们对这些关系做更进一步的探究并充分利用已经获得的实验证据，是有回报的。

我们生活在非常复杂的文化环境中，以至于恰当的生活教育都变得非常困难。一直以来，人们都无法获得发展心理敏锐性最为重要的手段。迄今为止，学校所具有的唯一价值在于将原始的未经加工的知识传递给儿童，让他们自己消化，而不管他们能不能接受或愿不愿意接受，学校并没有特意去激发儿童对知识的兴趣。甚至就是这样的学校，要想数量充足，也只能是一个美好的愿望而已！到目前为止，理解人性所需要的最为重要的前提在很大程度上被忽略了。我们自己也是在这样的老学校中学到对人进行测量的标准的。我们在那里学会了将事物分为好与坏、善与恶，并学会了将它们区分开来。而我们没有学到的是如何修正我们的观念，结果我们将这一缺陷带入了生活，并至今一直在这种缺陷之下苦苦挣扎。

作为成年人，我们依然在使用儿时所获得的那些偏见和谬论，就好像它们是神圣的法律一样。我们尚未意识到，我们已经被卷入了混乱、复杂的文化之中，而且，我们所持的观点使我们根本不可能真正认识事物的真实样子。归根结底，我们忙着解释一切，不过是出于提高个人自尊的目的，而其结果也不过是获得更大的个人权力而已。

二、社会感对于性格发展的重要性

在性格发展的过程中，对权力的追求扮演着最为重要的角色，其次就是社会感。就像对意义感的追求一样，社会感在儿童最早的精神倾向，尤其是在渴望与他人接触和获得温情的欲望中就已经表现了出来。在前一部分，我们已经了解到了发展社会感的条件，现在我们只想做一简要的回顾。社会感既受自卑感的影响，又受补偿自卑感的对权力之追求的影响。人类极易形成各种各样的自卑情结。自卑感一出现，寻求安全感和整体感的精神生活过程，即不断寻求补偿的不安定过程就会紧跟着出现，而其目的是为了获得生活的安宁和幸福。我们在对待某个儿童时必定会坚持的行为规则，产生于我们对他的自卑感的认识。这些规则总结起来就是这么一句告诫的话语：我们不可让儿童生活得太苦，不可过早地让他看到生活的阴暗面；此外，我们还必须让他有机会体验生活的乐趣。在这里，另一些具有经济性质的条件也发挥了作用。不幸的是，儿童常常在不必要的悲苦环境中长大，他们所遭受的误解、贫穷、匮乏等都是本可以避免的现象。身体缺陷往往会发挥很重要的作用，因为这些身体缺陷导致儿童不可能拥有正常的生活方式，它们还让儿童认识到：要想维持自身的生存，他需要拥有一些特权，并寻求一些特殊法律的保护。即使我们能够为他们提供所有这些东西，我们也无法避免这样的事实：这些儿童会认为生活令人不快且困难重重，而这进而又会导致其社会感严重扭曲这一巨大危险。

　　除非用社会感概念作为标准，并据此衡量他的思想和行动，否则，我们无法评判一个人。我们必须坚持这一观点，因为人类社会中的每一个个体都必须确认他与社会之间的关联性。这种必要性让我们或多或少地清楚认识到，我们应感激我们的同胞。我们都处在生活之中，都受到集体生活逻辑的支配，这就决定了我们事实上需要某种已知的标准来评价我们的同伴。在任何个体身上，社会感的发展程度都是评价人类价值的唯一标准，是放之四海而皆准的标准。我们不能否认自己对社会感的精神依赖。没有哪个人能够真正地完全摆脱他的社会感。我们没有任何理由完全逃避自己对同伴的责任。社会感会用它的警示声不断地提醒我们。这并不是说我们会不断地让社会感出现在我们有意识的思想里，而是说我们确实坚持认为，要想歪曲它、撇开它，则需要动用某种权力；此外，其普遍的必要性决定了没有哪个人能够在被社会感证明为正当之前就开始行动。之所以要证明每一个行为、每一种思想的正当性，是因为无意识的社会整体感。它至少决定了这样一个事实，即我们经常必须要为自己的行为寻求能够使罪责减轻的情况。由此便产生了特殊的生活、思维及行动的技巧，这种技巧会使我们希望一直与社会感保持和谐的关系，或者至少能够用社会关联的假象来欺骗一下自己。简言之，这些解释表明存在某种类似社会感的幻象，它像面纱一样遮盖住了某些倾向。仅仅是发现这些倾向，就足以让我们对某个行动或某个个体做出正确的评价。这种有可能发生的欺骗，无疑增加了评价社会感的难度；而正是这种困难，将人们对人性的理解提升到了科学的层面。下面，让我们举几个例子来证明社会感是怎样被误用的。

有一个年轻人曾谈道，他和几个同伴游泳游到了海中的一个小岛上，并在那儿玩了一会儿。他的一个同伴碰巧斜靠在悬崖边，身体失去了平衡，掉进了水里。这个年轻人赶忙将身体斜伸出去，怀着极大的好奇心观看他的同伴是怎样沉入水里的。他在后来思考这件事情时觉得，他并不认为自己当时的举动是出于好奇。掉进海里的那个年轻人碰巧被救了，但就讲述这段经历的这个年轻人而言，我们可以很肯定地说，他的社会感必定非常淡薄。即使我们后来听说他一生中从未伤害过任何人，而且有时候跟某个同伴相处得很融洽，我们也不会被这种现象所欺骗而去相信他的社会感并不欠缺。

我们必须用更进一步的事实来支持这个大胆的假设。这个年轻人经常重复做同一个白日梦，梦的内容是这样的：他发现自己被关在森林中一间漂亮的小房子里，与其他所有人都隔离开来。这个场景也是他画画时最喜欢采用的主题。任何了解幻想并知晓他既往经历的人都能轻而易举地认识到，他淡薄的社会感在这个梦中再一次得到了证实。如果我们不带任何道德判断地指出，他的错误发展阻碍了他的社会感的发展，从而使他成了一个牺牲品，那么我们这样说并没有冤枉他。

有这样一件有趣的事情可以用来很好地说明真假社会感之间的区别。有一位老太太在上有轨电车时滑倒了，摔在了雪地上。她自己站不起来，身边路人来来往往，但好像谁都没有注意到她的困境，直到有一位男士走到她身边，把她扶了起来。就在这个时候，另一个不知道刚才一直躲在哪个地方的男人突然蹿了出来，跳到她身边，对着那个扶她起来的彬彬有礼的男士说："谢天谢地！我终于找到了一个好人。我在那边站了整整五分钟，想要看看到底有没有人愿意扶这位老太太起来。你是第一个扶她的人！"这件事表明，形式上的社会感是怎样被人误用的。靠着这个一戳就穿的小把戏，一个人把自己当成了评判他人的法官，评判功过是非，而他自己却只是冷眼旁观，并未动一根手指头去帮助那个陷于困境之中的人。

还有一些更为复杂的情况，我们不能轻易地确定其中所涉及的社会感的强弱。除了对其进行透彻的研究，我们别无他法。一旦开始研究，我们很快就能走出黑暗，弄清事情的真相。比如，在一场战争中，有一位将军虽然知道大势已去，但他还是强迫成千上万的士兵去做无谓的牺牲。这位将军当然会说他这样做是为了国家的利益，有许多人也会同意他的说法。然而，不管他拿什么样的理由为自己辩护，要把他视作一个真正的同伴却是一件很难的事情。

对于这些不确定的情况，我们需要一种普遍适用的观点才能做出正确的判断。对我们来说，可以从社会效用、全人类幸福、"公共福利"的概念中找到这样一种观点。如果我们采取了这种观点，那我们在判断某种特殊的情况时就不会有什么困难了。

社会感的发展程度往往会体现在个体的每一种活动中。它可能会非常明显地表现在个体的外部表现上，如看人的方式、与人握手的方式或说话的方式。他的整个人格可能会以这种或那种方式给人留下难以磨灭的印象，而我们几乎是凭直觉感知到这种印象的。有时候，我们会从一个人的行为中得出一些非常深远的结论，以至于我们自身的态度在很大程度上会取决于这些结论。我们在这里所做的这些讨论，也只不过是将这种直觉知识带进意识的范围，这样我们便可以对它进行检验和评估，以达到避免犯大错的目的。这种向意识领域的转移所具有的价值在于，我们可以少受一些错误偏见的影响（如果我们听凭自己的判断在无意识中形成，那么这些错误偏见就会对人产生很大影响，因为在无意识中，我们无法控制自己的活动，也没有机会对其进行修正）。

让我们重申一遍，只有在了解了一个人的背景、环境之后，我们才能对他的性格做出评价。如果我们曲解他生活中的某个单一现象并孤立地对其做出判断，如只考虑他的身体状况，或者只考虑他的环境或受教育情况，那我们就会不可避免地得出错误的结论。这个论点之所以非常重要，是因为它立马就卸掉了人类肩上的一副重担。对我们自己更好的了解，再加上一些生活的技巧，必定会产生一种更适合于我们需要的行为模式。通过运用我们的方法，我们便有可能去影响他人，尤其是儿童，让他们变得更好，并阻止灰暗命运所带来的无情后果（否则，这种命运有可能会降临到他们身上）。这样，个体就不再仅仅因为出生于不幸的家庭或有遗传缺陷，而注定过一种不幸的生活。只要做到这一点，我们的文明就将向前迈出决定性的一步！新的一代将在其成长过程中勇敢地意识到，他们是自己命运的主人！

三、性格发展的方向

人格中任何显而易见的性格特征都必定与他从童年期就开始的精神发展方向相适宜。这个方向可能是直线，也可能是迂回曲折、岔路很多。最初，儿童往往会沿着一条直线奋力实现他的目标，并形成一种积极进取、敢作敢为的性格。性格发展的开端通常都具有这些积极、进取的特征。但这条直线很容易就会被转向或修改。困难可能来自儿童对手更为强大的抵抗力，他们会以直接攻击的方式阻止儿童实现他想要获得优越感的目标。儿童会试图以某种方式绕过这些困难。他的迂回战术也决定了某些特定的性格特征。性格发展过程中存在的其他困难，如身体器官的发育不良、环境给他的打击与挫折等，都会对他产生相似的影响。此外，世界这个更大的环境的影响，以及无法回避的教师的影响，都非常重要。在我们的文化中，通过教师的要求、怀疑及情绪表现出来的生活事宜，最终也会影响他的性格。所有的教育都呈现出最佳教育的色彩和态度，目的是让学生朝着社会生活及他那个时代的主流文化的方向发展。

对于性格的直线发展来说，任何种类的障碍都是危险的。只要有这些障碍存在，儿童选择用来实现其权力目标的道路就会或多或少地偏离原有的直线。起初，儿童的态度不会受到干扰，他会直接去处理面对的困难，但到了第二次，我们就会看到一个完全不同的儿童，他已经了解到火会把人烧疼烧伤，他也知道了在某些人面前必须小心。他会试图用精神上的迂回战术来是实现他想要获得认可和权力的目标，不是直接来，而是靠技巧。他的发展与这种偏离的程度相关。他是否过于谨慎，他是否觉得自己与生活需要相协调，他是否回避过这些需要，所有这些都取决于前面提到过的那些因素。如果他不能直接面对、处理他的任务和问题，如果他变得胆小怯懦，不敢直视他人的眼睛，或者拒绝说实话，那他就完全成了另一种类型的儿童了：他的目标与刚才提到的那个勇敢儿童的目标是完全相同的。即使两个人的行为完全不同，他们的目标也可能是一样的！

在同一个人身上，这两种类型的性格发展可能都一定程度地存在。尤其是当儿童的种种倾向尚未明确定型时，这种情况就会更常出现，此时，他的准则依然具有可塑性，他通常并非始终采取同一条道路，如果第一条道路被证明走不通，他就会非常积极主动地去寻找新的途径。

一种不受干扰的集体社会生活，是适应社会要求的首要前提。只要儿童不对他周围的环境持对立态度，我们就可以很容易地教会他这种适应。只有当教育者能够做到将他们自身对权力的追求降低到这样一种程度，即他们对权力的追求不会给儿童造成负担，家庭内部的战争就有可能消失。此外，如果父母懂得儿童发展的原理，就能避免直线性格特征发展得太过夸张，如勇气退化为鲁莽，独立蜕变为赤裸裸的自私等。同样，他们还能避免任何外在的、强制性的权威在儿童身上打下奴隶般服从的印记。不然的话，这种有害的训练可能就会导致儿童变得与世隔绝，害怕真相和坦率所带来的后果。压力，当被用到教育中时，是一把双刃剑。它会导致表面上的适应。强制性的服从仅仅只是表面上的服从而已。我们在儿童的灵魂中，能看到他与其环境之间一般关系的反映。所有可能出现的障碍是直接地对他产生影响还是间接地对他产生影响，也会反映在他的人格之中。对于外界的影响，儿童通常没有能力做出评判；而他身边的成年人要么对这些影响一无所知，要么就是无法理解。儿童所面临的种种困难，加上他对这些障碍的反应，就构成了他的人格。

我们还可以根据另一种图式来对人类进行划分。划分的标准是他们应对困难的方式。首先是乐观主义者，他们是性格发展大体上呈直线的人。他们通常能够勇敢地应对所有困难，不会把它太当回事。他们坚持相信自己，并相对自如地确立起一种快乐的生活态度。他们对生活没有太多的要求，因为他们对自己有一个很好的评价，并不认为自己受到了冷落忽视或微不足道。因此，与那些在困难面前只会觉得自己软弱无能的人相比，他们能更为轻松地忍受生活中的困难。在更为困难的情境中，乐观主义者能够镇定自若，并确信所有的错误都终将得到改正。

我们可以根据言谈举止一眼识别出谁是乐观主义者。他们无所畏惧，畅所欲言，不卑不亢。如果用富有艺术气息的语言来描述他们的话，我们可以说：他们是那种张开双臂，随时准备拥抱其同伴的人。他们往往平易近人，很容易交到朋友，因为他们不会疑神疑鬼。他们讲话不会吞吞吐吐、藏着掖着；他们的态度、举止、步态都显得自然而轻松。我们很难找到这种人的纯粹典型，除非是尚处于儿童早期的孩子；不过，很多人身上都具有让我们相当满意的不同程度的乐观主义态度和社交能力。

与之截然不同的另一种类型的人是悲观主义者。正是他们，让我们遭遇了教育上的最大问题。他们由于儿童期的经验和印象形成了一种"自卑情结"，对他们来说，各种形式的困难都让他们产生这样一种感觉，即生活不易。由于采取了一种悲观的个人哲学（这种个人哲学是由他们在儿童时期所遭受的不公正待遇滋养出来的），因此他们看到的总是生活的阴暗面。与乐观主义者相比，他们更能意识到生活中的种种困难，而且他们很容易就会丧失勇气。由于备受不安全感的折磨，他们总是不断地寻求支持。他们寻求帮助的呼声会反映在外部行为中，因为他们无法独立；如果他们还是孩子，就会不停地叫妈妈，或者妈妈刚一离开，他们就会哭着喊着要妈妈。这种哭着喊着要妈妈的声音，有时候甚至到他们老了的时候也能听到。

从悲观主义者胆小怯懦、战战兢兢的外在态度，我们可以看出其异乎寻常的小心谨慎。悲观主义者永远都在猜想着想象中近在咫尺的可能发生的危险何时会降临到他们身上。显然，这种人的睡眠会很糟糕。事实上，睡眠是衡量个体发展的极好标准，因为睡眠障碍是面对不安全感时会表现出较大程度的小心谨慎的一个指标。这就好像是这些人永远都在提防戒备，而目的是为了让自己能够更好地抵御生活中的威胁。我们会发现，这种人的生活乐趣少得可怜，他们对生活的理解也非常贫乏！一个睡不好觉的人，他所能发展出的也只能是极差的生活技巧。如果他的结论果真正确，那么他就会根本不敢睡觉了。如果生活就像他所认为的那么悲苦，那么，睡眠就真的是一个极为不妥的安排。悲观主义者常常用一种敌对的方式来应对这些自然的生活现象，这种倾向暴露了他在生活上是毫无准备的。睡眠本身不应该受到干扰。如果我们发现某个人总是担心房间的门有没有仔细地锁好，或者总是做强盗破门而入和窃贼入室行窃之类的梦，那我们就可能猜想他是不是有这种悲观主义的倾向。事实上，从一个人的睡觉姿势，我们就可以判断这个人是不是有悲观主义的倾向。通常情况下，睡觉时尽可能地蜷成一团缩在一个小地方，或者用被子死死捂住头的人，就属于这种类型。

我们还可以将人分成攻击者和防御者。剧烈的动作是攻击者态度的典型特征。这种具有攻击性的人在勇敢的时候，他们的勇敢常常会升级为鲁莽，其目的是为了向全世界证明他们的能力，而这恰恰暴露了一直以来控制着他们的深切的不安全感。如果他们感到焦虑，他们就会让自己变得铁石心肠，以对抗恐惧。他们扮演"男子汉"角色的程度到了让人感到荒诞可笑的地步。他们当中还有一些人会费尽心机地压制自己，不让自己出现任何温柔、温和的感觉，因为在他们看来，这样的感觉是软弱的象征。攻击型的人往往会表现出野蛮和残忍的特征，而且，如果他们出现悲观主义的倾向，则他们与环境的所有关系都会随之发生改变，因为他们既没有同情他人的能力，也没有与人合作的能力，他们对整个世界都充满了敌意。同时，他们对自身价值的意识也可能会达到非常高的程度。他们可能会自我膨胀、骄傲自大、傲慢无礼、自以为是。他们会处处表现出虚荣，就好像他们真的是征服者一样。然而，他们做这一切的明显目的，以及他们多余的动作，不仅导致他们与世界的关系变得不和谐，还暴露出他们的整个性格就好比是修筑在流沙之上的人造阁楼。他们那种攻击性态度（可能会持续很长时间）就是这样产生的。

他们随后的发展并非一帆风顺。人类社会并不喜欢这样的人。他们总是到处招摇，这一特点就决定了他们不被人喜欢。他们处处都想占上风，但很快就发现自己与别人发生了冲突，尤其是很容易和与他们同属一个类型的人发生冲突，因为他们唤起了对方的竞争意识。对他们来说，生活就是一系列的战斗；而当他们遭受不可避免的失败时，他们的好胜之心和斗争精神就会戛然而止。他们很容易变得惊慌失措，不能保持长久的战斗力，也没有能力挽回败局。

由于完不成任务而导致的失败对他们产生了反向性的影响，他们的发展停滞，而停滞的地方大约就是另一种感到自己受到攻击的类型开始的位置。第二种类型的人是经常受到攻击并且总是要采取防御措施的人。他们用以补偿自身不安全感的手段，往往不是攻击，而是焦虑、小心谨慎、胆小怯懦。我们可以肯定地说，如果没有刚刚描述过的先前没有成功维持其攻击性态度的情况，第二种态度就绝不会出现。这种防御型的人很容易就会被不幸的经历吓倒。他们会从这些不幸的经历中推断出一些极具灾难性的后果，以至于一碰到这种经历他们就极易溜之大吉。有时候，他们会掩饰自己的行为，表现得就好像临阵脱逃是一种有益的选择一样。

因此，当他们沉湎于回忆，并浮想联翩的时候，其实，他们只是想逃避对他们造成威胁的现实。他们当中有一些人在还没有完全丧失其创造力的时候，可能真的会完成一些对社会并非完全无益的事情。许多艺术家就属于这种类型。他们让自己与现实隔绝，在一个充满幻想和憧憬的领域为自己创造另一个不存在任何障碍的世界。这些艺术家是这类人中的例外。这种类型的个体常常在困难面前低头，并遭受着一次又一次的失败。他们害怕每一件事情，害怕每一个人，他们会变得越来越疑神疑鬼，认为世界上只有敌意，此外别无其他。

不幸的是，在我们的文明中，他们的态度却常常因为总在别人手中吃苦头而得到强化；很快，他们就会完全丧失对人类美好品质和生活光明一面的信心。这种人所表现出来的最为常见、独有的特征之一，是他们外在的批判态度。有时候这种态度会变得非常突出，以至于他们很快就能看出别人身上最不起眼的缺陷。他们以人性的法官自居，但却从来不为与他们生活在一起的其他人做任何有益的事情。他们整天忙着对同伴吹毛求疵、破坏同伴的好事。他们对他人的不信任，会迫使他们采取一种焦虑、犹豫不决的态度，只要一面对某项任务，他们就会开始怀疑、犹豫，就好像他们希望避免任何一个决定一样。如果我们想对这种类型的人做形象的描述，那我们就可以想象他是这样一个人：他举起一只手保护自己，同时用另外一只手蒙住眼睛，这样他就看不见危险了。

这种人还有其他令人不快的性格特征。众所周知，连自己都不相信的人绝不会相信他人。这样一种态度往往会不可避免地发展出嫉妒和贪婪。这些总是心存怀疑的人往往过着与世隔绝的生活，这意味着他们不愿意为他人带来快乐，也不愿意分享他人的幸福。此外，陌生人的幸福对他们来说几乎就是一种痛苦。他们当中有一些人可能凭借一种行之有效而又难以识破的把戏，成功地维持着一种高于他人的优越感。他们不惜一切地想维持自己的优越感，在这个过程中，他们可能会发展出一种极其复杂的行为模式，以至于乍一看，我们绝不会怀疑他们会对人类怀有一种根本的敌意。

四、古老的心理学流派

确实，一个人在他未曾有意识地认识到这项人性研究所选取的方向时，也能试着去理解人性。常用的方法是：从精神发展的背景中取出单独的一点，然后根据这一点对人进行"分门别类"。比如，我们可以把有些人分为喜欢反思冥想、生活在幻想之中、不了解生活现状的人。与另一种很少反思、几乎从不冥想而整天以积极主动、实事求是的态度忙于解决各种生活问题的人相比，这种类型的人更加难以投入到行动当中。这两种类型的人的确都存在。但是，如果我们认同这种心理学流派，那么，我们的研究将很快就会宣告结束，而且，我们将会像其他心理学家一样，被迫满足于断言：在上述第一种类型的人身上，幻想能力得到了较好的发展，而在第二种人身上，工作能力得到了较好的发展。对于一门真正的科学来说，这是远远不够的。我们需要找到更好的概念来说明这些事情是怎样发生的，这些事情是否一定会发生，是否可以避免或缓解这些事情的发生。正因为如此，这些人为的、肤浅的分类对于人性的理性研究是不恰当的，即使前面提到的各种类型的人确实存在。

个体心理学抓住了灵魂发展这个根本，精神表现的种种形式就发端于此：在儿童早期就已经开始了。个体心理学已经确立了这样的观念：不管从整体还是从单个看，这些表现形式都可以分为两种，一种是社会感占优势，另一种是对权力的追求更为明显。随着这一论点的提出，个体心理学发现自己掌握了可以根据一个个简单且普遍适用的概念来理解人类的关键。任何一个人都可以依据这个关键概念来归类，这个概念有非常广泛的应用领域。不用说，心理学家在观察时适宜采用的谨慎态度和技巧，必须要应用到每一种情况之中。有了这样一个不言自明的前提，我们也就有了一个标准，并且能够举例说明某种精神现象的内容是以社会感为主而掺杂着一点儿对个人权力和声望的追求，还是个人私欲、个人野心占主导而仅仅是在将其超越于环境之上的优越感强加给其承受者时才有用。以此为基础，我们就可以更为清晰地理解之前曾被误解的那些性格特征；而且，也可以根据这些性格特征在整个人格中的位置对它们进行衡量。一旦我们理解了一个人的某种性格特征或行为模式，那么我们同时就掌握了一种工具，可以用来改变个体的行为。

五、气质与内分泌

"气质"这个范畴是精神现象和特征的一个古老分类。我们很难确切地知道"气质"的含义是什么。它指的是一个人思考、言谈或行动的迅速性吗？还是指一个人在处理某项任务时所表现出来的能力或节奏？稍加分析我们就会发现，心理学家对于气质本质的解释似乎极不合适。我们必须承认，科学至今还没有能够脱离四种气质类型的概念，这个概念可以追溯到人刚刚开始研究精神生活的古代。这种气质类型的分类方法起始于古希腊，当时希波克拉底将气质分为多血质、胆汁质、抑郁质和黏液质四种，这种分类方法后来被罗马人采用并沿用至今，成为当今心理学中可敬、神圣的遗产。

多血质的人往往对生活充满热情，他们凡事都不怎么往心里去，不会轻易让自己的头上长出白头发；他们凡事都看到令人愉悦的、最为美好的一面；他们在该伤心时伤心，但不会因此崩溃；他们能够体验到幸福事件所带来的快乐，但不会欣喜若狂而神智错乱。一项对这些个体的细致描述表明，他们大体上是健康的人，在他们身上不存在大的问题。而对其他三种类型的人，我们则不能下这样的断言。

在一本古老的诗作中，对胆汁质的人是这样描述的：他们是会将挡住其道路的石头狠命踢开的人。而多血质的人通常会优哉悠哉地绕过这块石头。用个体心理学的话来说，胆汁质的人对权力的追求欲望非常强烈，以至于他会从事一些更为猛烈、剧烈的活动。这种类型的人给人的感觉是不论在什么时候他都不得不去证明自己的权力。他只对用直截了当的攻击性方法来战胜一切障碍感兴趣。事实上，这些个体较为强烈的活动通常在童年早期就开始出现了，那个时候，他们缺乏权力感，必须要不断地证明其权力的存在。

抑郁质的人则给人完全不同的印象。还是用我们前面提到的那个比喻来说，抑郁质的人一看到石头，就会记起自己所有的罪过，并开始郁郁沉思，伤怀旧事，然后转头走开。个体心理学认为，这种人完全就是对什么事情都犹豫不决的神经症患者，他们不相信自己能够克服困难或取得成功，他们不喜欢冒险，宁愿原地踏步也不向目标挺进；如果这样的人确实往前迈步的话，他的一举一动也会极其小心谨慎。在他的生活中，怀疑扮演着主要的角色。这种人考虑更多的是自己，而不是别人，而这最终会使他不可能再找到与生活的恰当联系。他总是因为自己的忧虑而意志消沉，以至于他的眼睛只盯着过去看，或者把自己的时间都花在徒劳的内省中。

总的来说，黏液质的人是生活的门外客。他收集各种印象，但从不从中推断出合适的结论。没有任何东西能给他留下深刻的印象，他几乎对一切都不感兴趣，他也不交朋友。简言之，他几乎与生活没有任何关联。在这四种气质类型的人中，他很可能是离生活事务最远的。

因此，我们可以得出这样的结论：只有多血质的人才可能成为一个健全的人。然而，我们很难找到界定得一清二楚的气质。在绝大多数情况下，我们所面对的都是一种或多种气质的混合型，而仅这一点就使得气质学说丧失了其所有价值。这些"类型"和"气质"也不是固定不变的。我们常常发现，一种气质会融合进另一种气质里，就像有的人小时候属于多血质的个体，长大后成了抑郁质类型的人，而最后往往以黏液质气质终其一生。多血质的人似乎在儿童期很少体验到自卑感,重要的身体缺陷最少,而且不易烦躁恼怒,其结果是他能平静地发展,对生活有一定程度的热爱,这使得他能够以稳健的步伐迈向生活。

在这一点上,科学向气质学说提出了挑战,宣称:"气质取决于内分泌腺①。"医学科学的一项最新发展,是对内分泌之重要性的承认。内分泌腺包括甲状腺、脑垂体、肾上腺、甲状旁腺、胰腺、睾丸和卵巢中的间质腺及其他一些组织学结构,对于这些内分泌腺的功能,我们只有模糊的了解。这些内分泌腺没有导管,而只能将它们的分泌物直接输入血液。

人们普遍认为,所有器官和组织的生长和活动都会受到这些被血液带进每一个身体细胞的内分泌物的影响。这些内分泌物起着活化剂和解毒剂的作用,它们对生命而言至关重要,但这些内分泌腺的完整意义,我们至今依然不得而知。整个关于内分泌的科学才刚刚起步,有关内分泌物之功能的确切事实还很少。但既然这门年轻的科学已经得到了认可,并已经在尝试指引有关性格和气质的心理学思想的发展方向,以及有研究断言这些内分泌物对性格和气质起着决定性的作用,那么,我们就必须对此再做一些更为深入的探讨。

首先,让我们来看一个重要的异议。如果我们观察一种真实的疾病,如呆小病(患上这种疾病的人,甲状腺往往缺乏活力),那我们肯定也会发现一些精神现象与黏液质个体的表现极其相似。这些人看起来肿胀虚胖,头发长得看起来很不健康,他们的皮肤特别粗糙,行动极其缓慢,显得无精打采。他们的精神敏感性显著降低,创造性几乎消失殆尽。

现在,如果拿这个病例与我们所说的黏液质的实例作比较的话(尽管在黏液质类型的人身上并不存在任何可证实的病理性变化),我们会看到两个完全不同的画面,两种完全不同的性格特征。因此,我们可以说,从表面上看,甲状腺分泌物中似乎存在着某种能帮助维持恰当的精神功能的东西;但是,我们不能因此就说:病理性气质就是由于这种甲状腺分泌物的缺乏而产生的。

---

① Cf. Kretschmer's Character and Temperament—Berlin 1921.

病理性黏液质类型和我们习惯上所说的黏液质类型完全不同；凭借个体以前的心理发展经历，心理学意义上的黏液质性格、气质与病理学意义上的黏液质就可以区别开来。作为心理学家所感兴趣的黏液质类型的人绝不是静态的个体。我们常常会惊讶地发现，他们有时候会做出非常深刻、强烈的反应。没有哪个黏液质类型的人会一辈子都是黏液质。我们将会认识到，他的气质只是一种人为的外壳、一种防御机制（可以想象，他可能已经因此而在生活中形成了一种由气质所决定的倾向），这种防御机制是过分敏感的人为自己营造的，对他来说，这是一座将自己与外部世界隔开的堡垒。黏液质气质是一种防御机制，是一种对生活挑战所做出的意味深长的反应，从这个意义上说，它与甲状腺分泌完全不足的呆小病患者所表现出来的毫无意义的迟缓、懒散、不适应完全不同。

甚至在那些看似完全由于甲状腺分泌缺乏而导致形成黏液质气质的病例中，这一有重要意义的反对意见也没有被推翻。整个问题的关键不在这里。事实上，真正利害攸关的是一连串复杂的原因和目的、一整套器官活动再加上外在影响，而这些会导致自卑感的产生。一些有可能形成黏液质气质的个体，会因为这种自卑感而发展出黏液质的气质，因为他可以借此来保护自己免受任何伤他个人自尊的、令人不快的侮辱和伤害。但是，这仅仅意味着我们在此专门讨论的只不过是我们前面总体谈论过的类型中的一种。在这里，甲状腺的缺乏是一种特殊的器官缺陷，其结果对个体而言非常重要。这种器官缺陷往往会导致个体产生一种更为扭曲的生活态度，他常常会用一些精神伎俩来获得补偿，黏液质气质便是一种众所周知的精神伎俩。

当我们将内分泌的其他异常情况也纳入考虑的范围，并分析它们所属的气质类型时，我们便可以更进一步证实我们的观念。因此，有的人甲状腺分泌过多，如患巴西多氏病（Basedow's disease）或甲状腺肿大的人。这种疾病的身体症状是病人心跳过速、脉搏过高、眼球突出、甲状腺肿大，病人或多或少还有些手脚颤抖的倾向，尤其是双手会不停地发抖。这样的病人很容易出汗，胃肠器官经常会因甲状腺分泌对胰腺所产生的一些次生影响而超负荷工作。他们极为敏感，易于动怒，明显地表现出一些特征：性急、易怒、手脚颤抖，还经常伴有明显的焦虑状态。

典型的突眼性甲状腺肿大患者的表现显然就是过于焦虑的个体表现出来的情况。

不过，要说这与心理学意义上的焦虑表现完全相同，则是犯了一个严重的错误。我们在突眼性甲状腺肿大患者身上所看到的心理现象、焦虑状态、无力从事一些特定的体力劳动或脑力劳动、容易疲劳、极度虚弱等，不仅受到一些精神原因的制约，同时也受到一些器官原因的限制。对比一下急性焦虑神经症患者，我们就会看到二者之间的巨大差别。那些由于甲状腺功能亢进而精神过于兴奋的人，他们的性格是由于慢性中毒而造成的，可以说他们是喝了太多甲状腺分泌物而中毒的，与他们形成鲜明对照的是另一类完全不同的人，这些人容易激动，做事草率，敏感焦虑，他们的状态完全是由于以前的精神经历所决定的。甲状腺功能亢进的个体在行为上无疑会表现出相似之处，但他的活动缺少作为性格和气质之基本标志的计划性和目的性。

在此，我们还必须讨论一下其他的内分泌腺。各种内分泌腺发展与睾丸和卵巢发展之间的关系尤为重要①。我们的观点是：只要是内分泌腺反常的人，其生殖腺或性腺也一定反常。这个论点已经成了生物学研究的基本信条之一。对于这些缺陷间的特殊依存性，以及它们为什么会同时出现的原因，我们至今还不能完全确定。在这些内分泌腺有器质性缺陷的病例中，我们也会得出在其他一些器质性缺陷中可以推断出的相同结论。生殖腺异常的人，往往存在一些器质性缺陷，他们较难适应生活，这导致结果是必须找到更多的精神伎俩和防御机制来帮助他适应。

一些热衷于内分泌腺研究的人已经让我们有了这样的预期，即性格和气质完全取决于性腺的内分泌物。不过，睾丸和卵巢的腺素出现严重反常的情况十分少见，存在病理性恶化的病例也十分少见。没有哪种特殊的精神习性与性腺功能的缺陷有直接的关系，它们很少发端于性腺方面的一些特殊疾病；我们还没有找到有力可信的医学根据来证明性格的内分泌基础（内分泌学家就曾断言过性格的内分泌基础）。维持生物体之生命力所必需的某些刺激来源于性腺，而且这些刺激可以决定儿童在其

---

① Cf. Alfred Adler, Organ Inferiority and Its Psychic Compensation—Adler, Studie uber die Minderwertigkeit von Organen.

环境中的地位，这是一个无可争议的事实。但是，这些刺激也可能来源于别的器官，而且也不一定就是某一特定精神机构的基础。

鉴于对人做出评估是一件艰难而又微妙的事情，犯下一个错误就有可能生死攸关，因此，我们必须在这里提出警告。那些具有先天性器官缺陷的儿童，极易受到诱惑从而获得一些特殊的精神把戏和诡计来作为补偿。但是这种发展某一特殊精神结构的诱惑是可以克服的。不管在什么情况下，没有哪个器官一定会无可挽回地强迫个体采取某种特定的生活态度。器官的缺陷可能会让他灰心沮丧，但这是另外一回事。与我们刚刚提到的相类似的观点之所以可以存在，仅仅是因为从来没有人曾试图消除具有器官缺陷的儿童在其精神发展中所出现的一些障碍。人们已经允许他们犯错，因为他们有缺陷；人们已经对他们进行分析和观察，但却没有人试图帮助他们或激励他们！在个体心理学的经验基础之上建立起来的位置心理学或背景心理学（positional or contextual psychology）将由于它在这一方面的观点而证明其正确性，并将使现有的气质心理学或体质心理学（dispositional or constitutional psychology）变得黯然失色。

六、综　述

在我们对单一的性格特征进行进一步的思考之前，让我们先来简单回顾一下前面已经讨论过的诸要点。我们提出了这样一个重要的论点：仅仅考察从整个精神背景和关系中脱离出来的孤立现象，是不可能学会理解人性的。要想理解人性，我们必须对至少两种在时间上尽可能分割开来的现象进行比较，并将它们在一个统一的行为模式内联系起来。这一特定的方法已被证明非常有效；它让我们可以收集一堆完整的印象，并通过系统的安排将其浓缩成一种对性格的合理评价。如果我们以孤立的现象作为判断的基础，那么我们就会发现自己面临着与其他心理学家及教师同样的困扰，并因此而必须使用那些已被我们证明为无用、无效的传统标准。不过，如果我们能成功地获得一些点来用我们的体系对其施加影响，并把这些点连接成一个单独的模式，那么，我们就得到了一个力线明显的体系，而且，它对人的清晰的单元评估将颇有价值。只有在这样的情况下，我们才算有了坚实的科学基础。对某一个个体更进一步的熟悉了解，必定会在某种程度上改变或修正我们对他的判断。因此，在试图做出某种教育修正之前，我们必须根据这个体系，使自己对即将接受教育的个体有清楚明确的认识。

为了形成这样一个体系，我们对各种方法和手段都进行了讨论，并以自己经历过的现象或我们要求任何正常人都要去经历的现象作为例证来加以说明。此外，我们还坚持认为，我们所创立的这个体系绝不能缺少一个因素，那就是社会因素。仅仅观察个体的精神生活现象是不够的。我们必须始终关注精神生活现象与社会生活的关系。对我们的社会生活来说，最为重要、最有价值的基本论点是：一个人的性格绝不是道德判断的基础，而是这个人对待他的环境的态度，以及他与所处社会之关系的表征。

在详尽阐述这些观点时，我们发现了两个普遍的人类现象。第一个是普遍存在将人与人联系在一起的社会感；这种社会感是我们的文明中所有伟大成就的基础。社会感是我们可以用来有效地评估精神生活现象的唯一标准，它使得我们可以断定任何一个个体能获得的社会感的总量。当知道了一个人对待社会的态度，知道了他表现人类同伴关系的方式，知道了他使自己的生活变得硕果累累、充满活力的方式，我们就可以获得一种关于他灵魂的立体印象。之后，我们发现了评估性格的另一个标准：那些与社会感最为对立的力量是追求个人权力和个人优越感的倾向。有了这样两种观点，我们便能理解：人与人之间的关系不仅受到其社会感发展的相对程度的制约，同时还受到对个人权力扩张之追求的限制，而这两种倾向总是彼此对立。这是一个动态的游戏，是一个力量的平行四边形，它的外在表现就是我们所谓的性格。

第二章　攻击性性格特征

一、虚荣与野心

一旦对获得认可的追求占了上风，它就会使精神生活处于更为紧张的状态。结果，在某个个体身上，想要获得权力和优越感的目标就会变得越来越明显，他会用更为强烈、剧烈的行为来追求这一目标，他的生活会变成对巨大胜利的期待。这样的个体往往会丧失现实感，由于他失去了与生活的联系，总是专注于他人对自己的看法，而且主要关注的是自己给别人的印象。由于这样一种生活方式，他的行动自由会受到极大的限制，而他最为明显的性格特征就会变成虚荣。

每一个人都可能有某种程度的虚荣心；但个体表现出自己的虚荣心通常并不被认为是礼貌举动。因此，个体常常要给虚荣心加上各种各样的伪装、掩饰，以至于它的变换形式有很多种。例如，有一种谦虚，从本质上说就是虚荣。有的人可能会虚荣到从不考虑他人的判断；而有的人则可能贪婪地想要获得公众的赞许，并将这些赞许当作自己的资本。

虚荣超过了一定的程度就会变得极其危险，且不说虚荣会让人去做各种各样无用的工作、付出无效的努力（这些工作和努力更多关注的是事物的表面，而不是其本质）这一事实，也不说虚荣会让人总是只考虑他自己，或者至多只考虑别人对他的看法这一事实，虚荣最大的危险在于：它会导致个体或早或晚地失去与现实的联系。个体会丧失对人与人之间联系的理解，他与生活的关系也会变得扭曲。他会忘记生活的责任，尤其是会忘掉大自然要求每一个人都要做出的贡献。没有哪种性格缺陷会像虚荣这样严重地阻碍个体的自由发展，虚荣会迫使个体在面对任何一件事、任何一个人时都要提出这样一个疑问："我能从中得到什么？"

人们总是习惯于用更为动听的辞藻"雄心"来代替虚荣或傲慢，从而让自己摆脱困境。有多少人曾非常骄傲地告诉我们他们有着怎样的雄心！"精力充沛""积极向上"这两个词也经常被用到。只要证明这种精力对社会有益，我们就可以承认它的价值，但通常的规则是："勤勉""活力""精力""进取"等所有这些词语都是用来掩饰程度严重的虚荣的表达方式。

虚荣很快就会妨碍个体按规则进行游戏。更为常见的是，虚荣会导致他成为一个干扰他人的人，因此，我们经常发现，那些无法满足自己虚荣心的人就会费尽心思地阻止别人完整地表现其生命。虚荣心正处于滋长过程的儿童，在危险情境中往往会表现出他们的勇敢，并且喜欢向弱小的儿童显示他们是多么强大有力。一个典型的例子就是对动物的残忍。而其他一些在某种程度上已经灰心丧气的儿童则会用各种不可思议的小伎俩来满足自己的虚荣心。他们会逃避工作的主战场，而试图通过在他们的情绪可以控制的某个生活小插曲中扮演一个英雄的角色，来满足自己对于意义感的追求。那些总是抱怨生活多么悲苦、命运对他是多么不公的人，就属于这种类型。他们会让我们知道：如果不是他们受的教育不好，或者如果某些不幸没有在他们身上发生，他们一定会成为今天的领袖人物。他们总是为自己没有走向生活的真正火线而寻找借口；只有在他们为自己创造的梦中，他们的虚荣心才有可能得到满足。

一般人会觉得很难与这样的个体相处，因为他不知道该如何评判或评价他们。不管是任何错误，虚荣的人总是知道在犯错时怎样把责任推到别人的身上。他总是对的，别人总是错的。不过，在生活中，谁对谁错没有太大的关系，因为唯一有关系的是：个人目标的实现和对他人生活的贡献。而虚荣的人不想为他人做这种贡献，他们全部心思都用在了抱怨、找借口、为自己辩解上。我们在这里所讨论的是人类灵魂中各种各样的伎俩，以及个体不惜任何代价维持其优越感并使其虚荣心免受任何伤害的企图。

有人常常会提出这样的反对意见，说没有伟大的雄心，人类那些伟大的成就就不可能实现。这是一个从错误视角得出的错误观点。既然没有人能够完全摆脱虚荣心，那么每个人都会有一定的虚荣心理。但是，决定人的活动朝着普遍有用的方向发展的当然不是这种虚荣心，虚荣心也不能给人实现其伟大成就的力量！这些成就只有在社会感的刺激下才有可能实现。一部伟大的作品只有通过其社会意义才会变得富有价值。在作品创造的过程中，不管存在什么样的虚荣，都只可能贬低它的价值，影响其创造；在一部真正伟大的作品中，虚荣的影响是不大的。

　　然而，在我们这个时代的社会氛围中，要使自己完全没有一点虚荣心是不可能的。认识到这一事实本身就是莫大的财富。这一认识触及了我们文明的痛处，即正是这样一个痛处，才使得许多人陷入了永久的不幸，在他们的生活中只有灾难和困境。这是些可怜的人，他们不能和任何人友好相处，也无法适应生活，因为他们全部的目的就是要打肿脸充胖子。难怪他们很容易就会陷入冲突，因为他们只关心自己在其他人当中的声誉。在人所经历的最为复杂的纠葛中，我们将发现，最根本的困难在于有些人无法成功地满足自己的虚荣心。当我们努力去了解一个复杂的人格时，确定虚荣的程度、虚荣活动的方向以及虚荣用来帮助实现其目的的手段，是一种相当重要的技巧。这样一种理解将让我们认识到，不健康的虚荣心会给社会感带来多大的伤害。虚荣与对同伴的同情、体谅等感受不可能同时出现。这两种性格特征之所以不可能结合在一起，是因为虚荣绝不会允许自己屈从于社会的原则。

　　虚荣往往自己决定着自己的命运。虚荣心的发展常常受到那些从共同生活中发展出来的符合逻辑的反对意见的威胁。社会生活和共同生活是不可战胜的绝对原则。因此，虚荣心在其发展的萌芽时期就不得不隐藏起来，加以伪装，并采取迂回的策略去实现其目的。虚荣的人总是遭受严重怀疑的折磨，他们怀疑自己是否有能力达到虚荣心的要求取得胜利；而当他胡思乱想、思前想后时，时光飞逝。而当时光流逝时，虚荣心又让他找到了借口，说他从来都没有机会施展自己的才华。

　　通常情况下，事件发生的先后顺序是这样的：这个特定的个体会先找到某个特权位置，使自己远离生活的主流，然后离群索居，用某种不信任的眼光观察着其他人的活动，因为每一个同伴看起来都像是敌人。

虚荣的人必须决定是采取攻势还是守势。我们经常发现他们陷于深深的怀疑之中，纠结着一些看似符合逻辑的重要思考，这些思考给他们造成了自以为正确的假象；但是，在思考的过程中，他们常常会错过主要的机会，并失去与生活和社会的联系，还会放弃每一个人都必须完成的任务。

只要更加密切地观察他们，我们就会看到虚荣心产生的背景，以及一种想要征服每一个人、每一件事的欲望，这种欲望会以成千上万种不同的方式表现出来。这种虚荣心会明显地表现在他们的每一种态度、他们的穿着打扮、他们的说话方式以及他们与人接触的方式之中。简而言之，不管我们看哪个地方，看到的都是虚荣的景象和一些野心勃勃的人，这些人在引导自己获得优越性的方法上别无选择。既然这一类的外在表现会令人不快，虚荣的人如果聪明，认识到存在于他们和被他们否定的社会之间的距离，就会竭尽全力地将虚荣的外在表现隐藏起来。于是，我们就会发现有些人外表上看起来非常谦虚，但实际上他们是为了表明自己不虚荣而故意忽略自己的外在表现。有这么一个故事，说的是苏格拉底看到一个身穿又旧又破衣服的年轻人登上讲坛，对他说："年轻的雅典人，你的虚荣心正透过你长袍的每一个破洞往外冒呢！"

有些人坚信自己一点儿都不虚荣。他们知道虚荣心往往深藏于内心深处，但他们只看表面。例如，虚荣可能会以这样的方式表现出来：虚荣的人在其社交圈子中总想占据整个舞台，必须始终有发言权，或者根据他有没有能力让自己始终处于舞台的中心来判断某次社交聚会的好坏。这种类型人当中还有一些人从不参与社交活动，而是尽可能地避免与人交往。这种避免社交的做法可能会以各种不同的方式表现出来。不接受邀请、姗姗来迟，或者要主人百般劝诱和奉承才去，都是他们因为虚荣而采取的一些小伎俩。还有一些人只有在非常有把握的情况下才参与社交，用他们的"与众不同"来显示其虚荣心。他们自豪地将这视为一个值得赞美的特征。还有的人希望能出现在所有的社交聚会上，以此显示他们的虚荣心。

我们不能说这是些不重要、不值得一提的细节，因为它们深深地植根于灵魂深处。在现实中，对于一个具有上述特质的人，社会感在其人格中是没多大位置的；他更容易成为社会的破坏者，而不是朋友。要描绘形形色色的这些类型的人，需要用文学巨匠的诗才能做到。而我们只能尽力描绘出他们的大致轮廓。

我们在所有虚荣者身上都能发现的一个动机表明，虚荣的人为自己确立了一个此生都不可能实现的目标。他的目标就是要超过世界上所有人，而这个目标是由他的机能不足感导致的。我们可以做这样的推测，即任何虚荣心明显的人，对自我价值的意识都很薄弱。有一些个体可能已经意识到，在其机能不足感变得明显的时候，他们的虚荣心就开始萌芽了，但是除非他们能够卓有成效地利用这一认识，否则，仅仅有这种意识还是无济于事。

虚荣心在很早的时候就开始出现了。通常情况下，所有的虚荣心都带有某些很幼稚的色彩，结果虚荣的人给我们留下的印象总是有些天真幼稚。能够决定虚荣发展的情境是多种多样的。在某种情况下，儿童觉得自己受到了忽视，是因为他深感自己的渺小让他产生了无法忍受的压迫感（这是教育不当导致的）。另一些儿童则由于家庭传统而形成了某种傲慢态度。我们可以肯定，他们的父母也采取了这样一种"贵族气派的"举止态度，这将他们与其他人区别开来，并让他们因此而感到非常自豪。

但是，在这种态度之下隐藏着的只有这样一种意图，即把自己视作一个特别独特的个体，有别于其他所有人，出生于一个比所有其他家庭都"更好的"家庭，这个家庭有着"更好""更高"的敏感性，并且由于血统的高贵而觉得自己命中注定可以在生活中享受某种特权。对这样一种特权的需要，也能为个体指明生活的方向，并能决定行为的类型及其表现形式。但因为生活很少适合于这种人的顺利发展，同时由于这些想要获得特权的人常常要么遭人敌对，要么被人嘲笑，所以，他们当中有很多人会怯懦地退缩，过着一种隐居或异于常人的生活。只要是待在不需要对任何人负责的家里，他们就能继续自我陶醉，并通过深信"如果事情不是像现在这个样子，那他们就一定能够成就大业"来强化其现有的态度。

有时候，有些已经发展到了最高程度的精明能干的个体就属于这个类型。如果把他们的才能放到天平上量一量，他们可能还算得上有些价值，但为了更进一步地自我陶醉，他们却误用了自己的能力。他们所提出的与社会积极合作的条件很难得到满足。例如，他们可能在时间上设置无法实现的条件，表明他们事实上在过去常常会做很多事情，学过很多东西，或者已经了解到许多其他的事情；此外，他们还会根据自己的体系为自己申辩，说其他人已经做过或者没有做过一些事情。他们的条件之所以不可能得到满足，还有一些根本不能成为理由的理由。例如，他们会宣称，如果男人是真正的男人，或者如果女人不像现在这样，那么所有一切都会变得很好。但是，哪怕是有着最好的意图，这些条件也不可能得到满足！因此，我们必须下这样的结论：这些实际上只是懒惰的借口，它们的价值就像是催眠性或致醉性的药物，使人无法思考那些浪费掉了的时光。

在这些人身上，存在着极大的敌意，而且他们往往不会把他人的痛苦和悲伤放在心上。就是凭借这样一种方法，他们才获得了伟大感。一位研究人性的伟大学者拉罗什富科（La Rochefoucault）在谈到大多数人时曾这样说，"他们能轻而易举地忍受他人的痛苦"。对社会的敌意常常表现为一种尖刻的批判态度。这些对社会充满敌意的人永远都在那里指责、批评、嘲笑、评判、谴责这个世界。他们对一切都不满意。但是，仅仅是识别出不好的东西并对它加以谴责是不够的！我们必须反躬自问："为了让这些事情变得更好，我都做了些什么呢？"

具有虚荣性格的人常常满足于靠某种小伎俩来抬高自己，把自己凌驾于他人之上，并用尖酸刻薄的批评来诋毁他人的性格。我们并不否认这样的人有时候会发展出精妙的技巧，因为他们在这个方面已经有过特别的实践和训练。在他们当中，我们不难找到机智超群、口若悬河、妙语连珠的人。但机智超群、知觉灵敏也和其他东西一样，会被一些人拿来作怪，就像讽刺作家一样，他们常常会利用它进行嘲讽和做一些恶作剧。

这种一天到晚只知道批评他人的人所具有的诋毁、贬损的风格，乃是他们屡见不鲜的性格特征的表现。我们把这称为贬低他人的情结（deprecation complex）。它实际上表明了虚荣之人的攻击点，那就是：他的同伴的价值和意义。这种贬低他人的倾向其实是试图通过贬低同伴来创造优越感。对他人价值的认可，无异于对虚荣者人格的侮辱。仅仅从这样一个事实，我们便能得出一些意义深远的结论，并能认识到，虚荣之人的人格是多么深地植根于其虚弱感和机能不足感之中。

既然我们谁都无法完全摆脱这种性格特征，那我们便可以很好地将这里所进行的讨论当作标准来衡量自己，纵然我们不能在短时间内将几千年传统对我们产生的影响连根清除。不过，如果我们不让自己被这些终将被证明有害、危险的偏见蒙蔽了双眼，混乱了心智，那我们就已经朝前迈进了一大步。我们想要追求的并不是成为与众不同的人，也不是寻找与众不同人。但我们感觉到，自然的法则要求我们伸出双手，加入到同伴的队伍中，与他们合作。在一个对合作要求如此之高的时代，已经再也没有多余的位置留给对个人虚荣的追求了。正是在这样一个时代，对生活的虚荣态度所引起的矛盾显得尤其明显和愚蠢，因为我们每天都会看到虚荣是怎样导致失败，并最终使虚荣之人被社会所唾弃，或者不得不接受社会的同情。没有哪个时代像现在这样让虚荣遭到了如此之多的唾弃。不过，我们至少可以寻找一些更好的方式来表现虚荣，这样，即使我们执意要虚荣，也至少可以朝着有利于公益的方向来表现！

下面这个例子可以很好地说明虚荣的原动力。有一位年轻女士，她是家里姐妹中最小的一个，从小娇生惯养。她母亲不分白天黑夜地侍候在她左右，任她使唤，满足她的每一个愿望。由于这样的关爱，这个体质非常虚弱的最为年幼的孩子的要求达到了无法估量的地步。有一天，她发现，只要她一生病，母亲就会满足她的任何要求，任她为所欲为；于是，没过多久，这个女孩便懂得了：生病也可以成为一件很有价值的法宝。

她很快就能忍受正常健康人对疾病的那种厌恶，而且，有时候，身体的不适不会让她产生任何不快的情绪。很快，她在生病方面就有了很多的训练，以至于她想生病就可以轻而易举地生病，尤其是在她想要得到某一特别的东西时，更是如此。不幸的是，她经常想要得到某些特别的东西，结果，就她的情况而言，她变得大病不犯，小病不断。这种"疾病情结"常常表现在这样一些儿童和成年人身上：他们觉得自己的权力在增长，能够占据家庭的中心位置，并凭借他们的疾病而无限制地支配家人。如果我们讨论的是娇小脆弱的个体，那么，他们通过这种方式来获得权力的可能性是非常大的，而发现这种获得权力之方法的自然也是他们，因为他们已经体味到了亲人对其健康所表现出来的关心。

在这种情况下，个体可能会玩一些辅助性的把戏来达到其目的。比如，有人开始故意吃很少的东西；结果他看起来显得身体不适，于是家人就会竭尽全力为他做好吃的，而且要像变戏法一样！在这个过程中，想要有人一直在旁边阿谀奉迎、尽心伺候的欲望便产生了。这些人无法忍受孤独。仅仅通过生病或身处险境这些手段，他便可以得到关爱照顾。只要让自己置身于某一危险处境，或身患某种疾病，这一切便可轻易做到。

我们把这种让自己置身于某一事件或某一情境的能力称为共情。我们所做的梦便可以很好地说明这种共情作用，在梦中，我们感觉某一特定的情境好像真的发生了一样。一旦"疾病情结"的受害者采取了这种获取权力的方式，他们就能轻而易举地靠想象制造出某种不适感，他们非常聪明，以致没有人能说这是撒谎、歪曲或想象。我们非常清楚地知道，设身处地地想象某一情境，会产生就好像这种情境真的存在一样的效果。我们知道，这些人会真的呕吐，或真的会产生一种焦虑感，就好像他们真的感到恶心或身处险境一样。通常情况下，他们制造这些症状的方式会使他们露出马脚。例如，我们刚才说到的那位年轻女士就曾说过，她有时候会感到害怕，"好像我随时都会中风一样"。有的人能够非常清晰地想象一件事情，以至于他们真的会因此而失去平衡，以至于没有人能说他们是在胡思乱想或装模作样。这些疾病捍卫者只需要给周围的人造成他正在生病，或至少患上了所谓的"神经症"症状的印象，那他就成功了。此后，每一个有过上述印象的人都必须待在这个"患者"身边，照顾他，时刻关注他的健康。同伴的疾病，对每一个正常人的社会感而言都是一种挑战。而我们刚刚描述过的那种人用不正当的方式利用了这一事实，并将这一事实当成其权力感的基础。

显然，这样的情形是完全违反社会生活和共同生活法则的，因为社会生活和共同生活法则要求对自己的同伴要深切关怀。我们常常会发现，我们所描述的这些人不能理解其同伴的痛苦或欢乐。我们很难让他们不去伤害其邻居的；而帮助同伴，则是他们完全不感兴趣的事情。有时候，由于付出了极大的努力，并调动了他们在教育和文化方面的全部储备，他们有可能在生活上获得成功；但更多时候，他们只是努力在表面上显得关心其同伴的幸福。从本质上说，构成其行为之基础的只不过是自恋和虚荣而已。

当然，我们上文描述的那位年轻女士也是这样的。她对亲人的关心挂念似乎永无止境。如果她的母亲晚了半小时还没有把早饭端到她床前，她就会非常担心焦虑；在这种情况下，她就会喊醒丈夫，强迫他去看看母亲是否发生了什么意外，直到确信没有发生什么事情她才会感到满意。这样一来二去，她母亲就习惯了非常准时地将早饭给她端过去。她丈夫也是如此。作为一个生意人，他不得不在某种程度上考虑他的顾客和生意伙伴，但每一次只要他晚了几分钟回家，就会发现妻子几乎要神经崩溃了，她会焦虑得全身发抖，大汗淋漓，痛苦地抱怨说她快被最为恐怖的担忧和预感折磨死了。她那可怜的丈夫也只好像她母亲那样，强迫自己准时回家。

很多人可能会反对说，这个女人并没有真正从自己的行为中获益，而且这些实际上也算不上什么了不起的胜利。我们必须牢牢记住这一点：我们还只讲了一小部分，她的疾病是一个危险的信号，仿佛在说："小心！"这是她生活中所有其他关系的一个缩影。她用这种简单的方法，让周围的每个人都接受训练，受她支配。在她满足自己想要支配周围一切的无止境的欲望的过程中，其虚荣心的满足扮演了一个关键的角色。想象一下这样的人要达到目的必须做出的努力吧！当我们认识到她为此所付出的巨大代价，必定就会做出这样的推断：她的这种态度和行为已经成为她生活中必不可少的必需品！除非她的话被无条件地、准时地遵从，不然的话，她就无法安静地生活。但是，婚姻不单单包括要丈夫守时。这个女人已经学会了如何用她的焦虑状态来加强她的命令的分量，她用强制行为使得其他许多关系都定了型。她表面上非常关心他人的幸福，事实上每个人都必须无条件地服从她的意志。我们只能得出这样一个结论：她对他人的关心只是满足其自身虚荣心的一个工具。

我们常常会发现，这种性质的精神态度非常重要，以至于个人意志的实现变得比他想要得到的东西更为重要。一个六岁女孩的例子便可以证明这一点。这个小女孩毫无节制地以自我为中心，以致她只关心如何实现自己无意间产生的任何一个怪念头。她的行为中渗透着想要征服同伴、表现权力的欲望。通常情况下，这种征服就是她行动的结果。她的母亲很想和女儿保持良好的关系。有一次，为了给女儿一个惊喜，她做了女儿最喜欢吃的点心，她把点心送到她面前，说："我给你送点心来了，因为我知道你非常喜欢吃这个。"这个小女孩一把将盘子摔在地上，还用脚重重地踩地上的蛋糕，嘴里还哭喊着："但我不要这个，因为是你给我的，只有我想吃的时候，我才会吃。"还有一次，这位母亲问小女孩吃午饭的时候是要喝咖啡还是喝牛奶。这个小女孩站在门口，非常清楚地小声嘀咕："如果她说咖啡，我就喝牛奶，如果她说牛奶，那我就喝咖啡！"

这是一个心口如一的孩子，心里想什么，嘴上就说什么；但在这一类孩子中，还有很多人往往不会如此清楚地表达他们的想法。很可能每一个孩子在某种程度上都具有这种特征，而且总是竭尽全力地实现其意志，尽管一无所获，甚至还可能因为我行我素而遭受痛苦和不幸。一般说来，这些儿童大多数都是已经拥有我行我素这一特权的儿童。现在，他们也不难找到这种我行我素的机会。结果，我们发现，在成年人当中，想要我行我素的人往往比想帮助同伴的人要多得多。有些人的虚荣心竟发展到了这样的程度——他们无法去做他人建议的任何事情，即使是世界上最不言自明，且真正关系他们自身幸福的事情，他们也不会去做。这些人常常等不及别人说完，就要插嘴提出异议或反对意见。还有一些人的意志受虚荣心的驱使到了非常严重的程度，以致在他们本来想说"是"的时候，事实上却说出了"不是"！

想要在任何时候都我行我素，只有在家庭这个小圈子里才有可能实现，而且即使在家里，也并不一定总能如愿。我们经常看到，有些人在与陌生人接触时和蔼可亲、友善恭敬。不过，这种关系不能长久，且很快就会破裂，当然，你一定要去寻找的话，也能找到一些长久的关系，但是很少。因为生活就是如此，人们也经常不可避免地要在一起相处，因此，我们不难发现有这样的人，他能够赢得所有人的好感，但在赢得了大家的好感后，他往往会在大家需要时弃大家于不顾。许多人总是努力把自己的活动范围限制在家庭生活的圈子内。我们有一个患者身上就发生了这样的事情。由于她的性格很有魅力，因此家庭以外的人都认为她是一个很讨人喜欢的人，人见人爱，但是，每次她离开家，都会很快回来。她常常用各种各样的小把戏来表明她想尽快回家的愿望。如果是参加晚会，她就会头痛（因为在任何的社交场合，她都不能像在家里那样保持自己的绝对权力感），因而不得不马上回家。因为这个女人只有置身于家庭生活的中心，才能解决她生活中的主要问题，即满足其虚荣心的问题，所以，只要有需要，她就会被逼着去安排一些事情，好使她自己能够尽快回家。每一次她与陌生人接触时，只要感觉到了焦虑不安，她就会这么做。很快，她不能去剧院了，最后，连逛街也不能去了，因为在这些地方，她感觉不到整个世界都屈从于她的意志。她所寻求的情境，在家庭之外的任何地方都找不到，尤其是在大街上找不到；于是，她宣称不愿意去家庭之外的任何地方，除非有她"宫中的人"陪着。她最喜欢的理想情形是这样的：身边围着有一群只为她的幸福操心的人。调查分析表明，她从儿童早期开始就形成了这种模式。

她是家中最小、最弱、最多病的，因此她需要比其他人得到更多的照料和关心。她利用了自己备受宠爱关照这一情形，并终生不惜任何代价来维持这种情形，只可惜她打乱了尖锐地反对这种行为的无情的生活状况。她的不安焦虑状态非常明显，以至于谁都不能否认这些状态的存在，而这些状态表明她在解决虚荣问题上已开始扯出一些枝节问题。这样的解决方式不合时宜，因为她不愿意让自己服从于社会生活的条件，因而到了最后，她因为无力解决这个问题而变得非常痛苦，以至于不得不寻求医生的帮助。

现在，我们有必要揭开她生活的整个上层结构了，这是她许多年以来小心翼翼地建立起来的。虽然她表面上恳求医生帮助她，但因为她从本质上并没有做好改变的准备，因此她还必须克服强烈的抵制心理。她真正想要的是继续如从前般支配家人，而无须承受焦虑状态的折磨（而在大街上，她总是备受焦虑状态的折磨）。但是，有好处就必定会有坏处！医生告诉她，她是她自己的无意识行为囚笼中的囚徒，她只想享受这种无意识行为的好处，而竭力地想避免其坏处。

这个例子非常清楚地表明，虚荣发展到了一定程度就会成为一生都难以摆脱的负担，就会抑制一个人的全面发展，并最终导致他崩溃。而一个患者只要他将注意力仅集中在其好处之上，他就不可能清晰地了解这些事情。正因为如此，许多人都会坚信，他们的野心（我们可以更为恰当地称其为虚荣）是一种很有价值的性格特征，而这其实是因为他们不了解，这种性格特征总是给人带来不满、不安和失眠。

让我们再举一个例子来证明我们的观点。有一个 25 岁的年轻人，马上要参加期末考试了。但他并没有为考试做任何的准备，因为他突然对此失去了全部的兴趣。由于被一种让人极为不快的情绪所困扰，他贬低了自己的价值，满脑子都是痛苦的想法，以致最后无法参加考试。他童年时代的回忆，全都是对父母的强烈谴责，他们对他的成长缺乏理解明显阻碍了他的发展。处在这种情绪状态下，他认为，所有人都是毫无价值的，对他而言都毫无吸引力；他用这种方式成功地让自己与他人隔离开来。

虚荣已证明自己是一种驱动力，它不断地为他提供各种借口、理由来避开所有对他能力的测试。现在，期末考试临近，这些强迫性的想法压得他喘不过气来，欲望的缺乏使他备受折磨，而怯场使得他最终无法参加考试。所有这一切对他来说极其重要，因为这样一来，即使他没有取得卓越的成绩，他的"人格感"和自我价值感也仍可得到保全。他任何时候都把这道"救命符"带在身上！有了这道救命符，他就安全了，他就可以用这样的想法来安慰自己：他之所以没有成就，全是疾病和不幸的命运所致。从这种阻止个体接受考试的态度中，我们看到了虚荣的另一种形式。它使得个体在考验其能力的时刻侧身绕过。此时，他想到的是失败可能会使他失去荣耀，他会开始怀疑自己的能力；他已经知道了所有那些从不相信自己能够做决定之人的秘密。

我们的患者就属于这种类型的人。他对于自己的报告也表明，他事实上一直都是这类人中的一员。每一次在需要做出决定时，他都会犹豫不决，脆弱不堪。由于我们仅对有关运动和行为模式的研究感兴趣，因此，他的这种姿态便向我们表明了他渴望停下来，渴望停止前进的步伐。

　　他是家中的长子，而且是唯一的男孩子，有四个妹妹。此外，他还是家里唯一被指名能上大学的人。可以说，他是家中最重要的人，大家都对他寄予厚望。他的父亲从未错过任何一个机会来激发他的雄心壮志，不厌其烦地跟他说他将要成就的大业。因此，这个男孩产生了想要超越世界上所有人的欲望，而这成了他每时每刻都在追求的目标。而现在，他心里充满了不确定和焦虑的感觉，他不知道自己能否真的完成大家期待他完成的一切。这个时候，虚荣及时出现，为他解了围，并给他指明了退缩的道路。

　　这就向我们表明了在野心勃勃的虚荣心的发展过程中，使得"前进"成为不可能的骰子是怎样掷出去的。虚荣心和社会感相互搏斗，难分难解，无法脱身。虽然如此，但我们还是可以看到，从儿童早期开始，虚荣的本质就常常冲破其社会感，并和社会感井水不犯河水，各行其道。这使我们想起了这样一群人：他们根据自己的幻想，想象着一座陌生城市的蓝图，并想象自己在这座城市里漫步，按照自己想象的计划，寻找想象中的建筑物。自然，他们永远都不会找到想要寻找的建筑物！而无辜的现实往往会遭到谴责。这大致就是自私、虚荣之人的命运。在与同伴的所有关系中，不管是靠权力，还是靠诡计和背叛行为，他都试图实现他的原则。他总是伺机证明别人都是错误的，或者都正在犯错误。当他成功地证明（或者至少是向他自己证明）自己比同伴更聪明、更优秀，他就会非常开心。但是，他的同伴往往并不关注他，他们并不接受挑战。战斗反败为胜，但当战斗结束的时候，我们有虚荣心的朋友便会对自己的正确性和优越性深信不疑了。

　　这些都是蹩脚的把戏，任何人都猜得到他希望相信的是什么。因此，就像我们的患者一样，也有可能发生这样的事情：一个本应该去学习的人，一个本应该沉迷书本吸取智慧的人，一个本应该去参加考试使自己真正的价值得以实现的人，却由于一种错误的视角而意识到了自己的缺陷与不足，而这种视角是他看待一切事物都采取的视角。他过高地估计了情势，结果相信自己一生的幸福、全部的成功都危在旦夕了。他不可避免地会陷入一种任谁都无法忍受的紧张状态。

　　对他来说，其他每一种关系都无比重要，每一次演说，甚至每一句话都是从他自己成功或失败的视角来衡量的。这是一场持久的战斗，最终会使得一个已经让虚荣、野心、错误的希望成为其行为模式的人陷入新的困境之中，并使他失去生活中所有真正的幸福。只有当种种生活条件都具备时，他才有可能得到幸福，但当这些名副其实的不可避免的条件被推倒，他实际上就堵塞了自己通往幸福和欢乐的所有道路，而且，所有那些对其他人来说意味着满足和幸福的事情，都不能让他感到满意、幸福。而他所能做的最多只是幻想一下自己相比于他人的优势以及自己对他人的支配，尽管事实上他已发现这是绝不可能实现的。

如果他真的拥有这种优越性，便很容易找到足够的人来跟他一较高低（这些人的乐趣就是跟他较量）。这是没有办法的事情。因为谁都不能被迫承认其他人的优越性。那么，剩下的就只有这个可怜的人对他自己的神秘莫测的判断了。当一个人陷入这样一种生活模式，那他就很难与同伴发生任何接触，也很难获得任何真正的成功。在这场角逐中，没有人能够取胜！角逐者都面临着遭受袭击和毁灭的可能。对他们来说，在任何时候都要表现得杰出优异、高人一等，是一件痛苦的事情。

如果一个人的声誉是根据他一心一意为他人服务来确定的，那么就是另外一回事了。他的荣誉是自然而然获得的，如果有人反对，那他们的反对意见不值一提。他可以泰然地拥有这种荣誉，因为他并没有把任何东西都押在虚荣上。关键的是自我中心的态度和总是想抬高自身人格的企图。虚荣的人总是在期待着什么，想要得到点什么。如果你将虚荣之人与其他社会感发展良好的人（这些人在漫漫的人生路上总是自问："我能付出什么？"）作比较，马上就会发现，这两种人在性格和价值上有着天壤之别。

于是，我们就得出了一个千百年来已为人们所理解的观点。这个观点可以用《圣经》中的一个名句来表达："施比受更有福（It is more blessed to give than to receive.）。"如果我们仔细品味这句话的含义（这句话是对人性方面的伟大经验的表达），我们就能认识到，这里所强调的正是一种施予的态度和心境。正是这种施予、服务或帮助的心境，给我们带来了某种程度的补偿和精神和谐，就像上帝的恩赐已深深地扎根在了施予者的内心深处一样。

　　另外，总是索取的人常常是不满足的，他们一心只想着还必须得到些什么，还必须拥有些什么，这样才能幸福。一心索取的人从来不关注他人的需求和需要，而且，对他们来说，旁人的不幸就是他们的欢乐，在他的体系中，没有与生活和谐一致、和平共处这个概念。他要求别人不折不扣地屈服于他的自我中心思想控制之下的规则。他需要的往往是一个与现实世界不同的天堂，他们需要一种不同的思维方式和感受方式。简而言之，他的不满足和不谦虚就像他其他的性格特征一样令人深恶痛绝。

　　还有一种更为原始的虚荣，这种类型的虚荣者往往穿着标新立异，或者带着某种自以为是的感觉，把自己打扮得就像一只猴子，给人一种勇敢华丽的印象，就像获得了一定程度骄傲和荣誉的原始人在头发上插一根特别长的羽毛来显示自己的荣耀一样。有些人最大的满足就是一直穿漂亮的衣服，跟得上最新的潮流。这些人所穿戴的各种服饰装扮都表明了他们的虚荣之心，就像交战国的军旗、徽章或武器一样，如果我们理解正确的话，其目的是把敌人吓跑。有时候，这种虚荣还表现在色情标志或文身上，而这些在我们看来是很轻浮的举动。在这样的情形之下，我们感觉到，这个人是努力地想哗众取宠，想给人留下一些印象，虽然他必须以厚颜无耻为代价才能做到这一点。对一些人来说，厚颜无耻的行为能使其产生一种伟大感和优势感；而另一些人则只有在表现得铁石心肠、野蛮残暴、顽固不化、与世隔绝时，才能产生同样的感觉。实际上，这些人可能并不像所表现出来的那样残暴顽固，他们可能比表面上看到的更温和，他们之前表现出来的残忍只不过是装腔作势。尤其是在男孩子身上，我们表面上看到的是麻木不仁、情感缺乏，但实际上可能是他们对社会感的一种敌对态度。受这种虚荣心驱使并总希望自己在他人受苦的过程中扮演某个角色的人，如果有人恳求他们表现出更美好的情感，他们就会觉得受到了侮辱。这样一种恳求只会让他们的态度变得更为强硬。我们曾经看到过这样的例子，父母走近孩子，恳求他理解他们的痛苦，而孩子却从他们表现出来的悲伤中获得了一种优越感。

　　我们在前面已经提到过，虚荣之人喜欢把虚荣隐藏起来。喜欢控制他人的虚荣者必须先抓住他人，然后才能将他人置于自己的控制之下。

因此，我们不能让自己完全被他人可能表现出来的亲切、友好或乐于接触的表象所欺骗；我们也不能受到欺骗而相信他可能并不是一个寻求击败对手的好战攻击者，并维持他的个人优越性。在这场战争的第一个阶段，攻击者必须使自己的对手放心，并以甜言蜜语哄骗他使他放松警惕。在第一个阶段的友好接触中，人们很容易相信攻击者是一个具有很强社会感的人；到了第二个阶段，攻击者的面纱就会被揭开，让我们看到自己的判断失误。这是一些让我们深感失望的人。我们起初以为他们拥有两个灵魂，但实际上只有一个灵魂，这个灵魂在刚开始与人接触时显得很友善，但最终会给人们带来痛苦。

这种接近他人的技巧发展到极点，可能就和一种叫"勾魂"（soul catching）的游戏差不多。玩游戏的人会最大限度地投入其中，这一特点可能非常明显，而这本身对攻击者来说就是一种胜利。这些人满口人性，他们的行为似乎也常常表现出对其同伴的爱。不过，他们的行为通常以一种极具表演性的方式表现出来，以致真正了解人类灵魂的人一看就会小心谨慎。有一位意大利的犯罪心理学家曾说过："当一个人的理想态度超出了某种程度，当他的博爱和人性太过于明显，那我们就完全有理由表示怀疑了。"自然，我们必须有所保留地来理解这个句子，但我们可以非常肯定，这个观点是有一定道理的。一般情况下，我们可以轻而易举地识别出这种类型的人。对任何人来说，溜须拍马都是不愉快的。它很快就会让人感到不舒服，而且，人们通常会警惕提防那些使用阿谀奉承方式的人。更确切地说，我们倾向于禁止有野心的人使用这种方法。最好的做法是选择一种不同的方法和更温和的技巧！

在本书的第一部分，我们已经熟悉了那些最常使人的正常精神发展发生偏离的情形。从教育的视角看，难就难在这样一个事实，即在这些案例中，我们所面对的儿童已被假定对其周围环境持的是一种好战的态度。即使老师深知他的责任（这些责任深深地根植于其生活逻辑之中），他也无法把这种逻辑强加给儿童。要做到这一点，唯一可行的方式是：尽可能地回避任何交战的情境，并把儿童当作教育的主体，而不是教育的对象，就好像他是和老师站在同一水平线上的完全成熟的个体。这样，儿童就不会轻易产生误解，认为自己处于压力之下，或受到了忽视，并因此而必须接受老师的挑战。从这样一种战斗的姿态来看，我们文化中的错误野心（这种错误野心在很大程度上体现了我们的思想、行动、性格特征的特点）自动地出现了，先是由于越来越纠缠不清的关系而导致人格的失败，最终则导致个体的彻底瓦解和崩溃。

　　童话（fairy tales）是我们所有人了解大多数人性知识的材料来源。极具特色的是，童话也给我们提供了一些例子，让我们看到虚荣的危险。在这里，我们必须回顾一个童话故事，这则童话以特别有力的笔触向我们表明：虚荣，如果不受控制地任其发展，最终必将导致人格的毁灭。这就是汉斯·克里斯蒂安·安徒生（Hans Christian Anderson）所著的《渔夫和金鱼的故事》（*The Vinegar Jar*）。故事是这样的：一个渔夫捕到了一条鱼，他答应那条鱼将它放回大海。这条鱼出于感激，许诺满足渔夫一个愿望。渔夫的愿望实现了。然而，渔夫有一个贪得无厌、野心勃勃的妻子，她要求渔夫再去找那条鱼，因为他提的那个愿望太小了，她要求他换一个愿望，先让她成为贵妇人，后来，她又要求让她成为女皇，最后，她竟要求让她成为上帝！就这样，她让她的丈夫一次又一次地回去找那条鱼，最终，他的最后一个愿望让鱼大怒，于是永远地离开了这个渔夫。

　　虚荣和野心的发展永无止境。非常有趣的是，我们常常看到，在童话故事中和那些过分热衷于精神追求的虚荣者身上，对权力的追求总是表现为想做像上帝一样的完美之人的欲望。我们无须做过多探究就会发现，虚荣之人的一举一动表现得就好像他就是上帝一样（当然这是在最为严重的情况下才会发生），或者表现得就好像他是上帝的助理，或者他会表现出只有上帝才能实现他的希望和愿望。这种表现，这种对于成为像上帝那样的人的追求，是存在于他所有活动中的一种倾向的极端表现，意味着他将自我投射到了自己的人格界限之外。

　　在我们这个时代，这种倾向的迹象很多。有许多人对招魂术、心灵研究、心灵感应以及其他一些类似的活动深感兴趣，他们急不可耐地想超越常人的界限，一心想要拥有常人所不能拥有的权力，他们还想超越时空，与鬼神和死者的灵魂交流。

　　如果我们做更进一步的探究，就会发现有相当一部分人都有这样一种倾向，即在上帝周围谋求一席之地。还有一些学校，其教育理想就是培养像上帝一样的人。在以前，这确实是所有宗教教育中有意识的理想。我们只能证明这种教育的结果是恐怖的。而在当今时代，我们当然必须寻找一种更为理性的理想。但可以想象的是，这种倾向在人类思想中已经根深蒂固。除去心理方面的原因，事实上，很大一部分人都是从《圣经》的关键语句中获得第一个有关人性的概念的。《圣经》中宣称，人是上帝根据自己的形象创造的。我们可以想象，这样一个概念会在儿童的灵魂中留下多么重要但又危险的后果。诚然，《圣经》是一部伟大的作品，人们在其判断力成熟之后，便能够一遍又一遍地阅读，且每重读一遍都会惊叹于它的精湛见解。但是，我们不要把它直接教授给孩子，至少不要不加任何评论地教给孩子，这样，孩子才有可能学会满足于这种现实的生活，而不致产生这样的想法，即因为从表面上看他是上帝根据自己的意象创造的，所以他应该具有一切神奇的力量，并因而可以要求每个人都成为他的奴隶！

与这种想要成为上帝一样的人的热切渴望密切相关的，是神话故事中的乌托邦理想，在那里，每个人的梦想都能变成现实。当然，儿童很少会指望这些神话故事的情节变成现实。但如果我们注意到儿童对魔法所怀有的极大兴趣，那我们就绝不会怀疑：他们是多么容易受到诱惑，多么容易陷入此类幻想之中而难以自拔。我们发现，在有些人身上，魔法的观念以及对他人施以神力影响的想法达到了非常强烈的程度，可能甚至到老了都不会消失。

在这一点上，或许没有哪个人能完全摆脱这样的想法：在谜一般的感觉方面，女人对男人有一种魔力般的影响。我们可以看到，许多男人的行为表现得就好像他们总觉得自己受到了性伴侣的魔力影响一样。这种迷信把我们带回了一个远比今天更加坚信此种信念的时代。在这样的日子里，女人随时都有被人随便找个借口就说成是女巫或术士的危险，这种偏见曾噩梦般地席卷着整个欧洲，并在一定程度上决定了欧洲几十年的历史。如果人们回想起上百万的女人成了这种幻想的牺牲品，那他们就再也不能简单地说这是一个没有造成危害的错误，而一定会把这种迷信的影响与宗教法庭的恐怖或世界大战的恐怖作一番比较。

　　通过滥用对宗教满足的欲望，来满足个人虚荣心的现象，也可在想成为像上帝一样的人的追求中窥见一斑。我们只能说，对于一个精神上曾遭受过创伤的人来说，让自己远远地避开人群，躲在没人的地方与上帝私下交流是多么重要的事情！这样的人会认为自己与上帝靠得很近，这个上帝会因为礼拜者虔诚的祈祷和正统的仪式，而责无旁贷地亲自关注这个礼拜者的幸福。这样的宗教欺骗通常与真正的宗教相距甚远，以至于在我们看来它纯粹就是一种精神错乱的表现。曾经有一个男人这样告诉我们：每天晚上，如果不做某种明确的祷告，他就无法入睡，因为如果他不把这种祷告传到天国，地球上某个地方的某个人就会遭遇不幸。要理解这整个像吹肥皂泡泡一样的过程，我们很有必要对这样的论述进行反向的推理，并加以解释。在这个例子中，"如果我祈祷了，他就不会受到伤害"就是这样一个命题。这些就是使得人们能轻而易举地获得魔力般的伟大感的方法。通过这种微不足道的小把戏，一个人确实可以在某个特定的时间成功地转移另一个人生活中的某种不幸。在这些笃信宗教的人所做的白日梦中，我们可以发现类似的超越人的范围的活动。这些白日梦暴露出来的是空洞徒劳的姿态和勇敢无畏的行为，但这些并不能真正改变事物的本质，而只会在做白日梦者的想象中成功地阻止他与现实发生接触。

　　在我们的文明中，有一样东西似乎拥有一种魔力，那就是金钱。很多人都相信，有钱能使鬼推磨。因此，有些人的野心和虚荣心完全被钱财这一问题所占据，也并不是什么奇怪的事情。这样，他们毫无止境地追求财物的做法，现在就变得可以理解了。在我们看来，这几乎可以说是病态的行为。而实际上，这也只不过是虚弱的另一种形式罢了，它依靠物质财富的积累来产生某种类似于魔法的力量。有些非常富有的人，尽管已经腰缠万贯，但还是不断地追求钱财，他们中有一个人在开始患上一种幻想症的时候曾承认说："是的，你知道吗？那（金钱）就是一次又一次不断引诱我的力量！"这个人弄懂了这一点，但是，有许多人不敢弄懂。在今天，权力的拥有与金钱和财富的拥有之间的关系是如此密切，而且在我们的文明中对金钱和财富的追求又看起来如此天经地义，以至于谁也没有注意到这样一个事实，即许多除了追求金钱之外别无所求的人通常是受到了他们虚荣心的驱使。

最后，我们还要再讲一个案例，这个案例中包含了之前所讨论的每一个方面，同时它还能让我们理解虚荣心在其中发挥了重要作用的另一种现象，即过失犯罪（delinquency）。这个案例涉及姐弟两人。弟弟一直被视为没有什么天赋，而姐姐则因能力极强而负有盛名。当弟弟再也不能与姐姐竞争时，他放弃了。虽然大家都竭力为他排除道路上的障碍，但他还是被推到了幕后。同时，他开始背负上了一个沉重的负担，这就等于表面上承认了自己缺乏才能。从童年早期开始，身边的人就告诉他，他姐姐总能轻而易举地克服生活中的困难，而他只适合做一些无关紧要的事情。就这样，由于姐姐较好的表现，大家便认为他身上有一种事实上并不存在的缺陷。

背负着这个沉重的负担，他进了学校。作为一个具有悲观倾向的儿童，他在整个学习生涯中，总是不惜一切代价地避免被人发现自己无能和承认自己的能力缺乏。稍微长大点后，他产生了一种不愿被强迫去扮演笨蛋角色的欲望，而是希望别人像对待一个成年人一样对他。14 岁的时候，他开始常常参加一些成年人的社交活动，但他深切的自卑感总使他如坐针毡，迫使他不停地思考怎样做才算是一个成年绅士该有的表现。

就这样，终于有一天，他的道路一步步地把他引向了烟花柳巷，而且他此后经常待在那儿。由于逛妓院得花很多钱，但同时他想要扮演成人角色的欲望又使他不愿意向父亲伸手要钱，于是在他觉得有需要的时候就会开始偷父亲的存款。他一点都不因为自己的这些偷窃行为而感到痛苦，反而觉得自己有点儿像个成年人了，他成了父亲的财务出纳员。这一切就这样继续着，直到有一天，学业上惨败的威胁摆在了他的面前。留级将是证明他一直不敢公开的无能的证据。

于是就发生了下面这样的事情：他突然感觉到了悔恨的痛苦和良心的谴责，而这更严重地干扰了他的学习。现在，他的处境因为这样一个小把戏而有所改善了，因为如果不及格，他就有了向别人交代的借口。他的悔恨让他如此备受折磨，以至于人们会认为，其他任何一个人处于相似的情况下也都会考不好。与此同时，注意力的高度分散也阻碍了他的学习，因为他被迫总要去思考其他一些事情。一天就这么过去了，到了晚上，他躺在床上想的是：他在学习上已经竭尽全力了，虽然事实上他是那种不肯在学习上花一丁点儿心思的人。此后所发生的事情，也有助于他继续扮演这样的角色。

家里人强迫他早上早点起床。结果，他整天都昏昏欲睡、有气无力，并且无论如何都无法专心地学习。这样的状况，人们当然不能要求他去和姐姐竞争！现在，有错的不是他的才能缺乏，而是一些具有破坏性的伴生现象，即他的悔恨、他所受到的良心谴责，这些使他没有片刻的安宁。最后，他全副武装，没有什么能够再伤害到他了。如果失败，也是情有可原，没有人会说他无能。而如果成功了，那就是他能力的证明，虽然没有人承认他的能力。

当看到像这样的小把戏时，我们可以肯定，是虚荣心导致这些小把戏出现的。在这个案例中，我们可以看到，为了避免被人发现一种所谓的但实际上并不存在的能力缺乏，一个人甚至甘冒过失犯罪的危险。导致生活出现此类混乱和偏离的，是野心和虚荣心。它们会使一个人失去所有的坦率爽直、所有真正的幸福以及生活中所有真正的欢乐。如果进行更为深入的研究，我们就会发现，原因其实不过是一个愚蠢的错误！

二、嫉　恨

嫉恨（jealousy）是一种有趣的性格特征，因为它出现的频率非常高。我们所说的嫉恨，不仅指恋爱关系中的嫉恨，也指其他人际关系中可以发现的嫉恨。因此，在儿童期，我们发现儿童在想要超越他人的尝试中发展出了嫉恨心理；这些儿童也可能发展出野心，他们用这两种特征表明了对世界的好战态度。嫉恨是野心的孪生姐妹，是一种可能会持续一生的性格特征，它来源于被忽视和被歧视的感觉。

弟弟或妹妹降临人世，受到父母更多的关注，而作为哥哥或姐姐的儿童就会觉得自己就像是一个被废黜的君王，这个时候，通常情况下，嫉恨就会产生。这些儿童曾沐浴在父母爱的温暖阳光之下，而现在弟弟或妹妹的出生夺走了他们的温暖阳光，因此尤其容易产生嫉恨心理。一个小女孩的案例就表明了这种感受可以发展到怎样的程度，这个小女孩到 8 岁的时候，就已经杀了三个人。

　　这个小女孩的发展有些迟缓，再加上身体弱不禁风，所以什么事情都做不了。以致她觉得自己的处境相对比较愉悦。在他六岁的时候，这种愉悦的处境突然发生了变化，因为家里多了一个小妹妹。她的心灵整个发生了转变，她经常怀着无比的仇恨迫害她的小妹妹。父母不能理解她的行为，开始对她严厉起来，并试图要她为自己所做的每一件错事负责。有一天，在这户人家居住的村子旁边的一条小溪里，人们发现了一个小女孩的尸体。一段时间之后，又一个小女孩被发现淹死在这条小溪里，最后，我们这个患者在将第三个小女孩扔进水里时被当场抓住。她承认她就是杀害这三个小女孩的凶手，她被送进了精神病院接受观察，最后被送进了一家疗养院接受进一步的教育。

　　在这个案例中，这个小女孩把对自己妹妹的嫉恨转移到了其他小女孩身上。我们注意到，她对男孩子并无敌对的情绪，她似乎在这些被杀害的小女孩身上看到了自己妹妹的身影，她试图用这些谋杀行为来满足自己因被忽略而产生的复仇感。

　　当一个家里有兄弟也有姐妹的情况下，嫉恨甚至更容易产生。众所周知，在我们的文明中，一个女孩的命运是没有什么诱惑力的；当她看到弟弟出生后得到了更热烈的欢迎，受到了更多的照料和尊重，得到了各种各样她享受不到的好处时，她可能就很容易感到灰心丧气。

　　像这样的关系自然会引起敌意。这个姐姐也有可能会表现出对弟弟的爱，像母亲一样对待弟弟，但从心理学上看，这和第一种情况并没有什么不同。如果姐姐对弟弟或妹妹表现出一种母亲般的态度，那么，她就重新获得了权力地位，她在这个位置上可以按照自己的意志行事；这个小把戏使她摆脱了危险的处境，并为自己创造出一块有价值的宝地。

　　兄弟姐妹之间夸张的竞争，是家庭嫉恨（family jealousy）最为常见的原因之一。一个女孩感觉自己受到了忽视，于是坚持不懈地逼着自己去战胜她的兄弟。通常情况下，由于她的勤奋努力，她能成功地把自己的兄弟远远地抛在身后，而且，在这个问题上，大自然也助了她一臂之力。在青春期，女孩在心理和身体上的发展都比男孩要快，虽然这种差异在随后的几年中就会被慢慢地拉平。

嫉恨有上千种形态。它可能会表现为对他人的不信任、随时准备伏击他人，也可能表现为对同伴的批判性评价，或表现为总是害怕被人忽视。在这些表现形态中，究竟哪一种会突出表现出来，完全取决于在此之前对社会生活的准备。有的嫉恨形式表现为自我毁灭，有的则表现为顽固不化。这种性格特征变化多端的形态还包括：扫他人的兴致、无意义的反对、对他人自由的限制以及随之而来的对他人的征服。

给对方制定一套行为规则是嫉恨者最喜欢玩的一种把戏。当一个人试图给他的情侣强加一些恋爱规则，当他在所爱的人身边筑起一座高墙，或者当他规定对方应该看什么、干什么或想什么时，他就是在根据这一特有的心理模式行事。嫉恨也可能以贬低他人、谴责他人为目的。以下这些都只不过是实现某一目的的手段：夺走对方的意志自由，让他墨守成规或束缚他。陀思妥耶夫斯基的小说《涅陀契卡·涅兹凡诺娃》（*Netotschka Njeswanowa*）中就有关于这种行为的精彩描述，小说中，一个男主人公用我们前面刚刚讨论过的手法成功地压迫了他妻子一辈子，并因而显示出他对她的支配与操纵。由此可见，嫉恨是一种特别明显的追求权力的形式。

三、嫉　妒

我们可以肯定地说，哪里有对权力和支配他人的追求，哪里就有嫉妒（envy）这种性格特征。个体与他高得超乎自然的目标之间的鸿沟必然会以自卑情结的形式表现出来。这种自卑情结会压迫着他，极大地影响着他对待生活的一般行为和态度，以至于他会觉得自己离目标的实现还很远。因此，他对自己的过低评价以及他经常表现出来的对生活的不满，便是不变的证明。他开始花时间去估算他人的成功，并沉湎于他人对他的看法和他人所取得的成就。被人忽视的感觉一直折磨着他，他还总觉得自己受到了歧视。而事实上，这样的人可能比别人拥有得更多。他所表现出来的各种各样的被忽略感，说明他的虚荣心没有得到满足，说明他想拥有比邻居更多的东西，或者事实上，说明他想拥有一切。这种嫉妒的人通常不会说他们想得到一切，因为一种真实存在的社会感会阻止他们这么想。但是，他们的行为表现得就好像他们想拥有一切一样。

在不断估算他人成功的过程中滋生出来的嫉妒感，几乎不太可能会使人获得幸福。社会感的普遍性导致人们普遍不喜欢嫉妒；然而，很少有人能够做到完全不嫉妒他人。我们谁都无法做到完全没有嫉妒心。在一帆风顺的生活进程中，嫉妒通常表现得不那么明显，但当一个人正遭受苦难，或觉得自己备受压迫，或当他缺少金钱、缺衣少食、缺乏温暖，或当他对未来的希望被笼上阴云，而他在这种不幸的处境中却看不到任何出路时，嫉妒便出现了。

今天，我们人类尚处在文明的开端。虽然我们的伦理和宗教禁止我们产生嫉妒感，但在心理上，我们的发展还没有成熟到可以排除嫉妒感的存在。我们可以很好地理解穷苦人的嫉妒心理。而如果有人能够证明即使被放到穷人的位置上也不会怀有嫉妒之心，这反倒难以理解了。关于这一点，我们所要说的是：我们必须把当代人的精神状况这一因素考虑进去。事实上，当个体或群体的活动受到太多限制时，嫉妒就会在个体身上或群体当中产生。但是，当嫉妒以那些我们一直都无法认同的最为令人不快的形式出现时，我们就真的不知道能用什么办法来消除这样的嫉妒以及常常会随之而来的仇恨了。对于生活在我们社会中的每一个人来说，有一点非常清楚，那就是：我们不应该去考验这样的嫉妒倾向，也不应当去激发它们；我们应当有足够的机智，在有可能产生嫉妒时不要去强化它。确实，这样做也不会有任何好转。但至少我们可以对个体提出这样的要求：不要在同伴面前表现出哪怕是稍纵即逝的优越感。他这样无用地展示自己的权力，很容易会伤害到某些人。

个体与社会之间不可分割的联系表现在了这种性格特征的起源之中。没有人能够高踞于社会之上，也没有人能够表现出自己拥有超越于同伴之上的权力而不会引起其他人的反对（这些其他人常常是想阻止他成功的人）。嫉妒迫使我们建立一切以人人平等为目的的措施与规则。最后，我们理性地得出了一个命题（这是一个我们直觉上已经感觉到了的命题）：人人平等的法则。破坏这一法则，马上就会导致敌对和混乱。这是人类社会的基本法则之一。

实际上，我们有时候从一个人的外表就可以轻易地看出嫉妒的表现。

长期以来，人们在其形象的语言表达中一直使用的嫉妒的特征，往往具有一种生理学的含义。人们有时候会说嫉妒得"脸都绿了"或"脸都白了"，这就说明了一个事实，即嫉妒会影响血液的循环。嫉妒的机体表现还体现在毛细血管动脉的外围收缩。

就嫉妒在教育方面的重要意义而言，我们只有一条路可走。既然我们无法完全摧毁它，那我们就必须让它变得有用。我们可以为它提供一个渠道，让它变得富有成效，同时不会给精神生活带来太大的震荡。这对于群体和个体都有好处。如果是个体，我们可以劝他去找一份能够提高其自尊的工作；而在国际生活中，对于那些深感自己受到忽视、在国家大家庭中看着比他们幸福的邻国、无望地嫉妒着比他们处境更好的国家，我们除了为他们指明发展其尚不发达之内在权力的途径外，别无他法。

任何一个终身都嫉妒满怀的人，对于社会生活来说都是无益的。他唯一感兴趣的是从他人那里索取到了什么、以某种方式剥夺他人的东西或扰乱他人的生活。同时，他还倾向于为自己没有达到目标而找借口，并因为自己的失败而责怪他人。他将是一个好战分子、一个捣乱者，他并不热衷于与他人建立良好的关系，也不愿意做任何对他人有利的事情。因为他几乎不会花一点儿心思去对他人的处境产生共情，所以他对人性所知甚少。当其他某个人因为他的行为而遭受痛苦，他也丝毫不为之所动。嫉妒甚至会使一个人把自己的快乐建立在他人的痛苦之上。

四、贪 婪

我们常常发现，贪婪与嫉妒密切相关，而且这两个坏朋友往往形影不离。我们所说的贪婪，不仅指积聚钱财方面所表现出来的那种贪婪，还指一种更为一般的贪婪，这种贪婪主要表现为：不能给他人带来快乐，在对社会及其他每一个人的态度上表现得非常贪心。贪婪的人常常会在自己周围筑起一道墙，以确保自己能拥有大量的钱财。一方面，我们看到了贪婪与野心及虚荣之间的关系；另一方面，我们也看到了它与嫉妒的关系。我们可以毫不夸张地说，所有这些特征通常都同时存在，因此，当我们发现某人身上有一种这样的特征时，便可以断言其他几种特征也存在于他身上，这并不是什么令人感到惊奇的读心术。

在我们当今的文明中，几乎每一个人都或多或少有一些贪婪。普通人最常采用的策略是用一种夸张的慷慨行为将其遮盖或隐藏起来，这种慷慨表现与施舍没什么两样，而他们这样做的目的在于通过这种慷慨的姿态，以他人的人格为代价提高自己的人格感。

在有些情境下，当贪婪被用来导向某种生活方式时，它实际上就会成为一种有价值的品质。有人可能会表现出对时间、工作的贪婪，而且在这个过程中，他确实会做大量的工作。在我们当前这个时代，有一种科学的、道德的倾向将这种"对时间的贪婪"推到了最为显眼的位置，甚至要求每个人在他的时间和工作上都厉行节约。这在理论上听起来非常好，但在将这个观点用于实践时，我们总能看到它被用来服务于某个个人想要获得优越性和权力的目标。这个从理论上得出的观点常常被人误用，对时间和工作的贪婪，常常会被指向将真正的工作负担转移到他人的肩上。和其他任何活动一样，我们可以用其普遍有用性的标准来判断这样一种活动。我们这个技术发展的时代，其特征之一就是，人被当作机器，生活的法则在很大程度上就像是技术活动的法则。在后一种情况下，这些规则常常能够被证明是合理的；但在人身上，它们往往最终会导致孤立、孤独以及人际关系的毁灭。因此，我们最好调整一下自己的生活，让我们自己更乐意于给予，而不是囤积。我们绝不能将这条法则从其背景中抽离出来加以使用，不脱离这一背景，我们就不会用此法则来危害他人；事实上，如果我们时刻牢记公共福利，也就不会去危害他人了。

五、仇　恨

我们常常发现，仇恨（hate）是好战者的一个特征。仇恨的倾向（这种倾向通常出现在儿童早期）可以达到非常高的强度。比如，在大发雷霆时，同时也可能以较为温和的形式出现。比如，在唠叨和心怀恶意时，任何一个人在仇恨和唠叨方面所能达到的程度，都是他的人格的很好体现。明白了这一事实，我们就能很好地知晓他的灵魂，因为仇恨和恶意会给人格赋上独特的色彩。

仇恨往往会以多种不同的形式表现出来。它可能指向于各种反对某个个人、某个民族、某个阶层、某个种族或异性的任务。仇恨通常不会公然地表现出来，但和虚荣一样，它知道如何伪装自己，如伪装成一种普通的批评态度出现。仇恨可能在破坏个体可能拥有的所有接触可能性的过程中扩大化。有时候，某一个体的仇恨程度可能会疾如闪电般突然暴露出来。我们有一个患者就出现了这种情况，他本人倒是免除了服兵役，但他告诉我们，他非常喜欢阅读有关令人毛骨悚然的屠杀和毁灭他人的报道。

在犯罪中，我们可以看到很多这样的情况。较为温和的仇恨倾向可能在我们的社会生活中扮演着非常重要的角色，这时仇恨并不一定以无礼的或恐怖的形式出现。厌世（misanthropy）就是一种经过了伪装的仇恨形式，它暴露了一种对人类高度的敌意。有一些哲学流派整体渗透着敌意和厌世，以至于我们可以将其看作与那些更为粗野的、毫不掩饰敌意的残酷野蛮行径没什么两样。在一些名人传记中，这层伪装的面纱有时被抛到了一边。深入思考这一观点不可避免的真实性问题并不是最重要的，最重要的是要记住：仇恨和残忍有时候可能存在于艺术家身上，而要想创造出真正的艺术，他们本应该紧紧地站在人类一边。

仇恨的分支很多，随处可见。我们在此并不对其一一考察，这是因为如果我们逐一考察每一种性格特征与一般厌世倾向的所有关系，那我们就会离题太远。例如，某些工作和职业的选择不可能不带有某种厌世的心理倾向。格里伯尔泽（Grillparzer）曾说过，"一个人的残酷本能往往在其诗歌中得到满意的表达"。这绝不是说没有仇恨，从事这些职业的人就不能开展工作。事实恰恰相反。一个对人类怀有敌意的人，在他决定获取某一职业，如军职的那一刻，他所有的敌意倾向都被引向与社会体系相吻合了（至少外表上与社会体系相吻合）。这是因为他必须与他的组织相适应，同时也因为他必须与同事保持一定的联系。

敌意感隐藏得尤其好的一种形式是那些在"过失犯罪"（criminal negligence）的名目下所做出的行为。对人或财产的"过失犯罪"的特征存在于这样一个事实，即过失的个体完全忽略了社会感所要求的那些考虑。这个问题在法律上已经引发了无休止的讨论，但至今仍没有得到令人满意的结论。不言而喻，一种被称为"过失犯罪"的行为并不等同于犯罪。如果我们将一个花盆放在窗台的边沿，以致稍微一晃动就可能让它从窗台上掉下来，砸到某个路人的头上，这与我们拿起花盆砸某人的头是不一样的。但是，某些人的"过失犯罪"行为毫无疑问与犯罪有关，而且是理解人类的另一关键所在。在法律上，"过失犯罪"行为并非有意识地故意为之这一事实常常被视为可使罪行减轻的情况，但毫无疑问的是，一个无意识的敌意行为与一个有意识的恶意行为都是基于同样程度的敌意。在观察儿童玩耍时，我们总是能够发现有些儿童不那么在意他人的幸福。我们可以肯定地说，他们对其同伴并不怎么友好。我们应该等到有更进一步的证据来证明这一事实，但如果我们发现每次当这些儿童做游戏时总会有一些不幸的事情发生，那我们就必须承认，这些儿童并不习惯于将其玩伴的幸福放在心上。

在这一点上，让我们来特别关注一下我们的商业关系。商业其实并不特别适合于证明过失与敌意之间的相似性。商人几乎不会关心其竞争对手的利益，或者，对于我们认为必不可少的社会感也没有多大兴趣。一些商业程序和企业很明显是建立在这样一个理论基础之上的，即一个商人的优势只可能来自于另一个商人的劣势。因此，尽管其间存在着一种有意识的恶意，但对这样的程序一般没有任何的惩罚。这些缺乏社会感的日常商业程序就像"过失犯罪"一样，对我们整个社会生活产生了不良的影响。

即使有些人心怀最好的意愿，但在商业的压力之下，也必须尽可能地保护自己。我们忽略了这样一个事实：这种个人保护常常伴随着对另一个人的损害。我们之所以要唤起人们对这些事情的关注，是因为它们能解释在商业竞争压力之下难以运用社会感的原因。我们必须找到某种解决办法，这样，就像我们今天经常看到的情况一样，每一个人为了公共福利而进行的合作就会变得更加容易一些（而不是变得更困难）。事实上，人类的灵魂一直以来都在自动地运作，试图建立一种更好的秩序，以最大限度地保护自己。心理学必须配合并着手了解这些变化，到最后，它不仅可以了解商业关系，而且还能了解同时也在发挥作用的精神器官。只有这样，我们才能知道，对于个体和社会可以期待些什么。

过失广泛地存在于家庭、学校和生活之中。我们在大多数机构中都可以看到过失的存在。有时候，有些人无论如何都不肯为其同伴考虑，只是一味地想让自己出人头地。自然，他不会不受到惩罚。对他人的鲁莽行为通常会使他难得善终。有时候，这种惩罚要过很多年才会来到。"天网恢恢，疏而不漏。"这种惩罚可能会来的非常晚，以至于那些从不收敛自己的行为、不清楚原因与结果之间关系的人已不能理解其中的关系。因此，他常常会抱怨自己遭遇了不应得的不幸。我们可以将不幸命运本身归因于这样一个事实，即他人（他们决定不再忍受同伴的粗鲁轻率）在一段时间以后放弃了其个人善意的努力，并离他们的同伴而去。

虽然过失犯罪行为有一些明显的合理理由，但仔细地分析一下，我们就会发现，它本质上是厌世的一种表现。例如，一个超速驾驶的司机撞了人，却为自己找借口说是因为有重要的约会。在他身上，我们看到了一个将自己的个人小事凌驾于他人幸福之上的人，因此，他忽略了自己有可能给他人带来的危险。个人事务与社会福利之间的不一致向我们表明了他对人类的敌意。

第三章　非攻击性性格特征

我们可以将那些不公开表现出对人类的敌意但却给人一种敌对性隔离（isolation）印象的性格特征归为非攻击性性格特征，这就好像是敌意之流偏离了轨道。我们对此有种精神迂回的印象。在此，我们看到的是一个从不伤害任何人的个体，但他脱离生活和人类，回避所有的人际接触，并且由于他的离群索居而无法与其同伴合作。然而，大多数的生活任务只能在共同工作的过程中解决。我们可以怀疑，一个离群索居的个体和一个公开、直接地向社会开战的个体有着同样的敌意。一个巨大的研究领域正展现在我们面前接受我们的检验，而我们要更为细致地证明这方面的一些显著表现。我们要讨论的第一个性格特征是胆怯和隐遁（seclusiveness）。

一、隐　遁

隐遁和隔离有多种不同的表现形式。那些将自己与社会隔离开来的人少言寡语或者沉默不语，不直视同伴的眼睛，不听他人讲话或者在别人说话时不专心倾听。在所有的社会关系中，甚至在最为简单的社会关系中，他们都会表现出某种冷漠的态度，这种态度促使他与其同伴的分离。从他们的行为举止、握手的方式、说话的腔调、与人打招呼的方式或拒绝与人打招呼的方式，我们都可以感觉到这种冷漠。他们的每一个姿态似乎都在制造自己与同伴之间的距离。

在所有这些隔离方式中，我们发现了一股野心和虚荣的暗流。这些人想靠强调他们与社会之间的差异来抬高自己。而他们所能赢得的至多是一种想象的荣耀。在这些离群索居者看似无害的态度中，一种好战的敌意清晰可见。隔离也可能是一个更大群体的特征。众所周知，有些家庭中的所有人都将自己封闭起来，隔绝一切与外界的接触。他们的敌意，他们的自负，他们自以为自己比其他所有人都更好、更高尚的信念，都是确定无疑的。隔离也可能是一个阶级、一个教派、一个种族或一个国家的特征，有时候，它可能会给我们一种特别具有启发性的体验：当我们走过一个陌生的城镇，看到房屋住所的结构界限分明地将不同社会阶层、社会地位的人隔离了开来。

在我们的文化中，存在一种根深蒂固的倾向，即倾向于将人隔离开来，分为不同的国家、宗派、阶级。由此而产生的唯一结果便是：各种老朽无力的传统中所表现出来的冲突。而且，它还使有些人能够利用潜在的矛盾促使一个群体去和另一个群体战斗，以此满足他们个人的虚荣心。这样一个阶级或这样一个个体，通常认为自己特别优秀，对自己的精神评价非常高，而且他们还常常沉迷于证明他人的恶行。这些斗士费尽心机地加重阶级之间或国家之间的矛盾纠纷，主要是为了提高他们个人的虚荣心。如果发生了不幸事件（如世界大战及其后果），他们将不会因为挑起了这些事件而遭受谴责。因为受到自身不安全感的袭扰，这些惹是生非者试图以牺牲他人为代价，实现自己的优越感和独立感。而离群索居也成了他们的悲哀命运和狭小天地。不言而喻，在我们的文化和文明中，他们是不可能有所发展的。

二、焦　虑

厌世者的性格通常带有焦虑的色彩。焦虑是极其普遍的性格特征。它常常会伴随一个人的一生（从出生到晚年），它会在相当显著的程度上使一个人的生活蒙受苦难，使他无法和其他人保持联系，还会摧毁他创造宁静生活或为世界做出富有成效之贡献的希望。人类的每一种活动都可能包含恐惧。有些人可能害怕外在的世界，而有些人则可能害怕自己的内心世界。

有些人之所以躲避社会，是因为他害怕社会。而有些人之所以躲避孤独，是因为害怕孤独。在焦虑者当中，我们总能发现：在那些总是考虑自己多于考虑同伴的人中必定有些鼎鼎大名的人。人一旦确立了他必须躲开生活中一切障碍的观点，那么，无论何时，只要需要，焦虑就会出现强化他的观点。有些人在准备开始做某件事情时，他们的第一反应总是焦虑，即使这件事仅仅只是出趟家门、跟同伴分离、找到工作，或坠入爱河，都是如此。他们与生活及同伴几乎没什么联系，以至于情形稍有变化都会引起他们的恐惧。

这样一种特征显著地抑制了他们的人格及为世界福利做贡献之能力的发展。恐惧并不一定就是表现出颤抖和逃跑。他们只需要表现出放慢脚步，只需要找出各种各样的托词借口就可以了。在大多数情况下，恐惧的个体意识不到每当出现新的情境，他的焦虑态度就会紧跟着出现。

有趣的是，我们发现，有些人总是想着过去或死亡的问题（证实了我们的概念）。想着过去是一种不太显著因而深受喜爱的压迫自我的方式。对死亡或疾病的恐惧，是那些总是寻找借口来逃避责任义务之人的特征。他们大声地强调这样一个事实：万事皆空，生命易逝，谁也不知道未来将会发生什么。天堂和来世的慰藉有着同样的功效。对于那些其真正目标在于来世的个体来说，现世的生活成了一件完全多余的事情，现世是一个毫无价值的发展阶段。第一种类型的人通常会回避所有的考验，因为他们的野心阻止他们去接受任何的检验——那样将会暴露其真正的价值。在第二类人当中，就我们的阐释而言，我们发现：也是同样的上帝、同样想要优越于他人的目标（这是他们所追求的目标）、同样过于自信的野心，使得他们不能适应生活。

在一旦独处就会瑟瑟发抖的儿童身上，我们发现了焦虑最早的、较为原始的形式。这样的儿童，即使有人来到他们身边陪伴他们，他们的欲望也始终不能满足；他们对这种陪伴另有目的。如果母亲让这样一个儿童独处，他就会用明显的焦虑把母亲唤回来。这一举动证明一切都未发生改变。其实，母亲是否在那里并不重要。这个儿童更为关注的是借此逼着她为他服务，支配她。这表明我们没有让这个儿童发展出任何独立的精神，而是通过错误的对待方式给他机会，让他得以强求身边的人为他服务。

焦虑的表现为大众所熟知。当在黑暗的地方或晚上，他们更加难以与环境或所爱的人联系时，儿童的焦虑表现尤为明显。可以说，因焦虑而发出的喊叫声重新架起了由于夜晚而断裂的桥梁。如果有人匆忙跑到这个儿童身边，我们上面所描述的表现通常就会出现。这个儿童往往会要求某人把灯打开，陪坐在他身边，和他一起玩耍，等等。只要有人照办，他的焦虑就会烟消云散，但一旦他的优越感受到威胁，他又会变得焦虑起来，而且，他会通过焦虑来加强他的支配地位。

在成人的生活中也有类似的现象。有些人不喜欢独自外出。在街上，我们一眼就能认出这样的人，因为他们往往会表现出焦虑的姿态和四处扫视的焦虑目光。他们当中有些人不愿在街上四处走动，有些人则看起来像是在街上飞奔，就好似有敌人在后面追赶他们一样。有时候，我们会碰到这种类型的女人——她们需要有人帮忙才能穿过街道，而这些人并非体弱多病者。她们能够很轻松地走路，通常也很健康，但一遇到微不足道的困难，她们就会陷入焦虑和恐惧之中。有时候，她们一走出家门，焦虑和不安全感就开始产生了。广场恐惧症，或者说对空旷场地的恐惧，就是因为这个原因而变得非常有趣。在出现这种症状的患者的灵魂中，这样一种感觉始终挥之不去，他总觉得自己会成为某次充满敌意的迫害的牺牲品。他们相信有某种东西将他们与其他人完全区别开来了。他们害怕自己可能会掉下来（在我们看来，这仅仅意味着他们觉得自己被升得很高），就是他们这种态度的一种表现。在病理性恐惧中，我们可以看到同样的目标，即对权力和优越感的追求。对很多人来说，焦虑显然是一种迫使某人与他亲近、只专注于他这个受害者一人的手段。在这样的情形下，我们看到，为了避免这个受害者再次变得焦虑，没有谁会离开这个房间！每一个人都必须屈服于这个患者的焦虑。因此，一个人的焦虑就给整个环境强加上了一种法律。每个人都必须来到这个患者身边，而他无须走到任何人的身边。他成了支配所有人的国王。

要消除人的恐惧，只能依靠将个体与整个人类联系起来的纽带。只有那些意识到自己从属于某个人类团体的人，才能没有焦虑地走完一生。

让我们再来看一个奥地利1918年革命时期的有趣例子。在那些日子里，有一些患者突然宣称他们不能前来接受咨询了。当被问及原因时，他们的回答大概表达了这样的意思：在这个动荡不安的时代，谁也说不准将会在街上碰到什么样的人。如果有人穿得比其他人好，就更不知道会发生什么意外了。

在那些日子里，人们沮丧的倾向当然是很严重的，但值得注意的是，只有某些人会得出这样的结论。为什么只有这些人会这样想呢？他们这样做绝非偶然。他们之所以会感到恐惧，是因为他们从未与其他人有过任何接触。因此，在革命这样的非常情境下，他们会觉得自己不够安全，而其他一些感觉自己属于社会的人则不会感到焦虑，依旧像往常一样各行其是。

胆怯（timidity）是一种较为温和的（不然，就是较不明显的）焦虑。我们就焦虑所说的一切同样适用于胆怯。不论你让儿童身处其中的关系是多么简单，胆怯始终都会使他们回避一切人际接触，或者关系一建立起来就会被他们破坏掉。自卑感和与众不同感往往会妨碍这些儿童从新建立的联系中获得快乐。

三、懦　弱

懦弱是这样一些人的性格特征：他们感到自己所面对的每一项任务都特别困难；他们不相信自己有能力完成任何事情。通常情况下，这种性格特征会以行动迟缓的形式表现出来。这样一来，个体与他将接受的检验或将进行的任务之间的距离非但不能快速缩小，甚至还可能保持不变。那种本应该致力于某一特定生活问题却总是身在别处的人，就属于此类。这种人常常突然发现自己完全不适合于自己所选择的职业，或者他们会寻找各种各样的反对理由来抵消自己的逻辑感，致使最终真的不可能从事这一职业。除了行动迟缓外，懦弱还表现为过分专注于安全性和事情的准备方面，而所有这一切活动都只不过是为了逃避自己的所有责任。

个体心理学已将这一系列适用于这一极其普遍之现象的复杂问题称为"距离问题"。它已形成了这样一种观点，根据这一观点我们可以公正客观地评判一个人，并测出他与人生三大问题的解决之间的距离。这三大问题之一是：社会责任问题，即"我"与"你"的关系问题，是以一种近似正确的方式促进了他与自我以及他人之间的联系，还是阻碍了这种联系。另外两个问题是：职业和工作的问题以及恋爱与婚姻的问题。根据失败的程度，同时依据个体与这些问题的解决之间的距离，我们便可以得到有关一个人人格的意义深远的结论。同时，我们可以利用以这种方式收集到的资料，帮助我们理解人性。

在前面所提到的性格懦弱的情况中，我们可以发现，性格懦弱的基础在于个体想要或多或少地拉开他与其任务之间距离的欲望。不过，与我们所描述的灰暗的悲观主义仅有一墙之隔的是光明的一面。我们可以假定，我们的患者完全是因为这更为光明的一面而选择了他目前的位置。如果他毫无准备地去从事某一任务，那么，即使失败了，也是情有可原的，而且，他的人格感和虚荣心都不会因此而受到任何伤害。这样一来，局面就变得安全多了，他就像一个走钢丝的人，知道自己下面有一张大网。如果摔下去，有网接着，不会受伤。同样地，如果他在毫无准备的情况下从事某一工作而没有做好，那他的个人价值感就不会受到任何威胁，因为他可以说出一大堆妨碍他顺利完成工作的理由。他会说，如果不是因为开始得太晚，如果不是因为没有做更好的准备，那么，成功将不在话下。因此，在他看来，有错的、该负责任不是人格上的缺陷，而是一些他无法预期的小事情。而如果他成功了，那这种成功将会显得更荣耀。因为如果一个人勤勤恳恳地尽职尽责，那谁也不会怀疑他能顺利地完成工作，他的成功好像是理所当然的。但是，如果他很晚才开始工作，工作也只做一点点，或者没做什么准备，但他依然解决了问题，那么，情况就完全不同了。可以说，他成了一个双料英雄，用一只手完成了别人要两只手才能完成的任务！

这些便是精神迂回战（psychic détours）的优势所在。但这种迂回态度不但暴露了野心，还暴露了虚荣心，同时还表明该个体事实上喜欢扮演英雄角色，至少对他自己是这样。他的所有活动都指向于个人的私心膨胀，这样他便可以拥有一些表面的特殊权力了。

现在让我们来看看另外一些人：他们希望回避上述问题，因此，他们会给自己制造一些困难，以达到完全不去处理这些问题，或者至多只能用一种非常犹豫不决的态度去解决这些问题的目的。从他们的精神迂回中，我们发现他们身上存在着各种各样的生活怪癖，如懒惰、好逸恶劳、频繁更换工作、玩忽职守，等等。有些人的这种生活态度会表现在他们的外在举止上，他们的步态非常柔韧灵活，看起来就像蛇一样。这当然不是偶然发生的情况。我们可以相当保守地这样评价他们：他们是想通过精神迂回来回避问题的人。

有一个现实生活案例将很清楚地说明这一点。有这样一个男人，他坦率地表示了对生活的失望，因为他厌倦了生活，一天到晚想的都是自杀。生活中没有什么能让他感到快乐，他的整个态度表明他的生活已经走到了尽头。通过心理咨询得知，他是家里三兄弟中的老大，有一个野心勃勃的父亲，父亲不屈不挠，对生活充满了热情，并成就了相当大的事业。我们这位患者是最受父亲喜爱的孩子，父亲希望他有一天能够子承父业。在这孩子很小的时候，他的母亲就去世了，但很可能是因为非常享受父亲的保护，所以他与继母的关系很好。

作为长子，他不加批判地崇拜权力和力量。他的每一个举动和性格特征都带有一种专制的色彩。在学校，他是班长，毕业后接管了父亲的事业，对于跟他接触的人，他的行为表现得就好像是在施舍对方一样。他说话总是温和友好，对工人也很友善，付给他们最高的工资，对于合理的请求也总是有求必应。

但在 1918 年革命之后，他突然发生了改变。他开始抱怨说，工人们不守规矩的行为让他痛苦万分。以前他们是请求他接受，现在成了要求他给予。他备受折磨，以至于他满脑子想着关门停业。

因此，我们看到，他在这方面绕了多么大一个圈子。通常情况下，他是一个有着良好愿望的管理者，但一旦他的权力关系受到触动，他便无法公道行事了。他的哲学不但妨碍了工厂的经营，也妨碍了他自己的生活。如果他不是那么野心勃勃地想要证明自己能够当家做主，他在这方面还是可让人亲近的，但对他来说，唯一重要的事情是用个人的权力来支配他人。社会关系和商业关系的逻辑性发展使得个人不可能实现这样的个人支配。结果，他的整个工作都不能带给他任何快乐。他的退缩倾向（放弃生意，关门停业）同时也是对那些难以控制的工人的一种攻击和抱怨。

现在，他只能在有限的范围内实现他的虚荣心了。突然发生的整个局面的矛盾立刻将他也卷入了其中。由于发展片面，他已经丧失了改变思路、确立新行动原则的能力。他已没有能力做更进一步的发展，因为他唯一的目标是获得权力和优越感。为了实现这一目的，他让虚荣成为他主要的性格特征。

如果我们调查一下他生活中的各种关系，就会发现，他的社会关系极不健全。正如我们所预料的那样，他只愿意让那些承认他的优越性并服从于他意志的人聚集在周围。同时，他非常尖锐刻薄，再加上他相当聪明，因此时常能说出些一语破的却于人有损的话。他的冷嘲热讽很快赶走了身边的朋友，而事实上，他始终一个朋友都没有。于是，他选择了用其他各种各样的娱乐来补偿人际接触方面的不足。

但是，只有在面临爱情、婚姻问题时，他人格上的真正失败才算开始。在此，我们很轻易就能预料到他将会遭遇什么样的命运。因为爱情需要的是最深切、最密切的联结，它不容许任何一方有专横的欲望。而由于他一向都是支配者，因此，他对婚姻伴侣的选择必须与他的欲望相契合。专横的、疯狂追求优越感的人绝不会选择一个软弱的人来作为他的恋爱对象，而是会寻找一个他必须一次又一次去征服的人，这样每一次征服都意味着一次新的胜利。两个性格相似的人就这样结合在了一起，而他们的婚姻就像是一连串不间断的战斗。这个男人选择了一个在许多方面甚至比他更为专横的女子为妻。事实确如他们所坚持的原则，他们俩都不得不抓住每一种可能的武器，来维持自己的支配地位。因此，他们之间的关系变得越来越疏远，但谁又都不敢提离婚，因为他们都希望获得最终的胜利，都不愿意在婚姻的战场上鸣金收兵。

我们的患者在这个时候所做的一个梦很能说明他的心情。他梦见自己正和一个女佣模样的年轻女子讲话，这个女子让他想起了他的会计。他在梦中对她说："但是你看，**我有贵族血统**。"

这个梦中所出现的思维过程并不难理解。首先是他瞧不起其他人的态度。在他眼里，每一个人都像是仆人，没有文化，地位低下，而女人就更是如此了。我们必须记住他此时与妻子正处于交战状态，因此，我们可以假定梦中的女子就是他妻子的象征。

没有人能理解我们这位患者，就连他自己对自己也所知甚少，因为他总是目中无人，为自己的虚荣目标四处奔波。他不但与世界隔离，而且傲慢自大，要求别人承认他的贵族血统，尽管这毫无根据。同时，他还把其他人都贬低得一文不值。这样的生活哲学没有给爱和友谊留下任何空间。

个体为证明这些精神迂回之合理性所用的理由通常都颇有特色。大多数情况下，这些理由本身都是相当合理且可以理解的，只是这些理由常常适合于其他情形，而不适合于当前的情形。例如，我们的患者发现他必须教化社会，于是做了尝试。他加入了一个互助团体，却把在那里的时间都浪费在了喝酒、打牌等毫无意义的事情上。他认为，这是他唯一能够结交朋友的方法。最终，他常常很晚才回家，而且到第二天早上又困又累，他还指出，一个人若想致力于教化社会，至少不应该总是去俱乐部一类的地方。如果他自己同时也致力于工作，那这番话也算说得过去。但我们发现，他的实际表现与此相反，正如我们所预料的，他嘴巴上口口声声地说教化社会，但结果却是什么也不做。显然是他错了，即使他使用了正确的论据！

这个例子清楚地证明，使我们偏离直线发展轨道的不是我们的客观经验，而是我们个人对这些事件的态度和评价，以及我们评价和衡量这些事件时所采用的方式。在此，我们不得不面对人类的全部错误。这个案例以及其他相似的案例都表现出了一连串的错误，还有进一步犯错误的可能性。我们必须结合个体的整个行为模式来审视他的论据，这样才能理解他的错误，并通过恰当的方法克服这些错误。这一过程与教育非常相似。教育也只不过是纠正各种错误。要做到这一点，有必要了解沿着错误方向发展的错误是怎样在错误解释的基础之上导致悲剧发生的。我们必须钦佩古人的智慧，他们在说到复仇女神涅墨西斯（Nemesis）时就已经认识到或预感到了这一事实。个体因错误发展而遭受的不幸清楚地表明，这是他个人崇拜权力而不顾公共利益所导致的直接后果。这样一种对个人权力的崇拜迫使他采用迂回战术去达到他的目标，而置同伴的利益于不顾，其代价是永无休止的对失败的恐惧。在他这个发展阶段，我们经常会发现一些神经性的疾病和表现，其特殊的目的和意义在于阻止个体完成某一任务。这些症状向他暗示：根据他的经验，前进的每一步都潜藏着极大的危险。

遁世者在社会上没有立足之地。要做到遵守规则、乐于助人（而不是仅仅为了达到支配他人的目的而去担任领导职位），就必须具有一定的适应性和屈从性。我们有许多人在自己身上，或者在周围其他人身上，观察到了这一法则的真实性。我们知道有这样一些人：他们可能经常拜访他人，行为举止彬彬有礼，从来不会打扰他人，但却唯独不能成为让人感到温暖的朋友，因为他们对权力的追求妨碍了他们这样做。因此，对于其他人也不能对他们热心，我们一点也不奇怪。属于此种类型的人会安静地坐在桌边，从外表上一点也看不出他的快乐情绪。他更乐于参与公开讨论，并在微不足道的事情上显现出他真实的性格。比如，他会竭尽全力证明自己是对的，即使别人全不在意他的对与错。我们很快就会发现，论据本身对他而言几乎没有什么价值，只要能证明他是对的而别人错了即可。在精神迂回方面，他会再一次表现出令人费解的行为，他会无缘无故地感到疲倦，常常来去匆匆，手忙脚乱，但却无所进展，他无法入睡，浑身无力，整天不停地抱怨。简而言之，我们只听到他不停地抱怨，但却说不出什么正当的理由。他看起来就像是一个病人，一个"神经症患者"。

事实上，所有这些都是他的诡计，他想通过这些诡计将自己的注意力从他所害怕的事实真相上转移开。他选择这些武器绝非偶然。想想一个对黑夜这一普遍现象深感恐惧的人所做出的顽强反抗吧！当我们看到这样一个人，便可以确信无疑地说：他从来没有与地球上的生活事务保持协调一致。除了摆脱黑夜，其他任何事情都不能满足他的自我！他要求将此设定为他适应正常生活所必需的条件。但他提出这样一个不可能实现的条件，恰恰暴露了自己的不良意图！他是一个只对生活说"不"的人！

所有这类神经质表现都发端于神经质个体面对他们必须解决之问题而深感恐惧的时刻，这些又是什么问题呢？不过是日常生活中必需的责任和义务罢了。当这些问题出现，他就会寻找借口，要么放慢面对这些问题的进程，要么找个情有可原的理由回避，或者干脆找个借口完全避开这些问题。就这样，他同时也避开了维持人类社会所必需的那些责任义务，不但伤害了直接接触的环境，而且还有损于更为广泛的关系，即其他所有人。如果我们更理解人性，而且将那些在某个相距甚远的时刻导致悲剧性结果的可怕因果关系谨记于心，那我们可能早就阻止这些症状的出现了。攻击人类社会合理的内在法则显然是不值得的。由于在时间上跨度很大，再加上这当中可能出现无数的复杂情况，因此，我们极少能够精确地确定罪行与其应得惩罚之间的关联，并从中得出富有启发性的结论。只有当我们考察了一个人整个一生的行为模式，并对他的经历做了透彻细致的研究，我们才能小心翼翼地洞察到这些关联，并指出最初的错误是在哪里犯下的。

四、表现为适应不良的未驯化的本能

有些人在很大程度上会表现出我们称为无教养或不文明的性格特征。那些咬指甲、经常挖鼻孔的人，以及那些一心扑在食物上让人感觉像是饿死鬼投胎的人，就属于这一类型。当我们看到一个人饿狼般扑到食物上面，毫无节制也毫无羞耻地表达他的欲望时，就完全清楚了上述这些表现所具有的重要意义。他吃的时候发出的声音是多么响！大口大口的饭菜一转眼就消失在了他肠胃的无底深渊之中！他吃的速度是多么惊人！他的食量是多么大！他总是不停地在吃！我们不都见过那些一刻不吃就难受的人吗？

无教养的另一种表现是脏（dirtiness）和乱（disorderliness）。那些由于工作繁多而不拘于形式的人，或者我们有时候会发现正在拼命工作的人可能会表现出的自然而然的无序现象，不在此列。我们所说的这种表现是指这样一种人的表现：他们通常没有工作，更谈不上从事有益的工作，但外表却极不整洁，又脏又乱。他们似乎在寻求一种凌乱状态和无礼行为，如果撇开他们这种性格特征，我们就无法想象他们。

这些只是无教养者的一些外在特征。这些特征清楚地向我们表明，他们不愿意遵守规则，他们真正想做的是使自己远离其他所有人。具有这些外在表现以及其他无教养行为的人使我们认为，他们对其同伴并无多大用处。大多数无教养行为都开始于儿童时期，因为几乎没有哪个儿童的发展是一帆风顺的，但有些成年人从未克服过这些儿童期特征。

这些表现的基础是这些无教养者或多或少明显不愿意与其同伴接触往来。每一个无教养的人都希望与生活保持一定的距离，都不愿意与人合作。对于要他们改掉这些无教养行为习惯的苦口婆心的道德教化，他们总是不理不睬，这很容易理解，因为当一个人不愿意遵守生活规则，那么他咬指甲或表现出某种类似的特征就在可理解范围了。他真的找不到更好的办法来躲避其他人了，为了达到这一目的，他除了让自己总是穿衣领乌黑的衣服或污迹斑斑的衬衫外，再也找不到其他更有效的办法了。除了总是以这种方式出现在人们面前，还有什么办法能阻止他受到更多的批评、接受更大的竞争或者受到他人更多的注意呢？或者还有什么办法可以更顺水推舟地让他逃离爱情和婚姻呢？显然，他会在竞争中失利，但他同时也找到了一个实实在在的理由：他总是将失利归因于自己的无教养表现。他宣称："如果我没有这种坏习惯，我什么事情都能做成！"但另一方面，他又小声地为自己申辩："然而，不幸的是，我有这些坏习惯！"

让我们来看一个案例，在这个案例中，无教养行为成了一种自我防御的工具，并被用来欺压周围的环境。这是一个 22 岁仍尿床的女孩。她是家中排行倒数第二的孩子，由于体弱多病，她一直享受着母亲的特别关注，而她对母亲也格外地依赖。她想方设法将母亲日日夜夜都拴在她身边，白天她靠焦虑状态拴住母亲，晚上则靠恐惧和尿床。一开始，这对于她来说肯定是个胜利，是对她虚荣心的一种慰藉。她用这些不良行为，以其兄弟姐妹的牺牲为代价，成功地把母亲留在了她身边。

这个女孩还有一点与众不同：她怎么也不能交上朋友，不能走上社会，也不能上学。当不得不离开家门时，她就会特别焦虑，甚至在长大后，当她不得不在晚上出门办点事时，在夜色中独自行走对她来说也是一件痛苦不堪的事。她往往会精疲力竭地回到家中，焦虑万分，向家人诉说她在路上的种种危险、恐怖的经历。我们可以看到，所有这些特征都仅仅表明，这个女孩想一直留在她母亲身边，但由于经济条件不允许，她不得不出去工作。最后，她几乎是被赶着去找了份工作，但短短两天之后，她尿床的老毛病又犯了，她不得不放弃工作，因为她的老板对她很是恼火。她母亲不了解女儿犯这个毛病的真正含义，就狠狠地把她教训了一顿。于是，这个年轻的姑娘企图自杀，并被送进了医院；这下母亲向她发誓说再也不会离开她了。

尿床、对黑夜的恐惧、对孤单一人的恐惧，以及自杀的企图，所有这一切都指向同一个目标。在我们看来，这一切意味着："我必须留在母亲身边，或者母亲必须时刻关注我！"这样，尿床这一无教养的习惯便获得了恰当的意义。现在，我们认识到，我们可以根据一个人的坏习惯来对他做出判断。同时，我们知道，只有当我们完全理解这个患者时，才能够依据他的环境来纠正这些错误。

总的来说，我们通常会发现，儿童表现出无教养行为和坏习惯都是为了获得周围成人的注意。那些想要扮演重要角色或者想让周围成人看看他们多么虚弱、多么无能的儿童，通常会利用这些行为和习惯。当有前来拜访的陌生人在场时，儿童就会表现得很差，这一普遍特征具有相似的意义。一旦有客人进入家门，就连表现最好的儿童有时候也会像被魔鬼附体了一般，极尽调皮捣蛋之能事。他往往是想扮演某个角色，并且会一直捣蛋到他的目的以某种令人满意的方式达到为止。这样的儿童长大后，会试图用这样的无教养行为来逃避社会的要求，或者他们会给他人设置障碍，从而破坏公共福利。在所有这些表现背后隐藏着的是专横的、野心勃勃的虚荣之心。光是这样一个事实——这些表现五花八门，形式各异，并经过了很好的伪装——便让我们无法清楚地认识到其诱发原因，以及它们所要达到的目的。

第四章　性格的其他表现

一、欢　愉

　　我们已经让大家注意到这样一个事实，即通过了解一个人在多大程度上准备好了服务他人、帮助他人和给他人带来快乐，我们就可以很容易地估量出他的社会感。一个人如果具有给他人带来快乐的能力，那会让他的人生显得更加多姿多彩。快乐的人更容易接近我们，而我们在情感上也会认为他们更具同情心。我们好像完全凭直觉认为，这些特征是社会感高度发展的标志。这些人看起来总是兴高采烈的，从不心事重重、忧心忡忡，而且，从不把自己的担忧推卸给任何一个陌生人。在与他人相处时，他总是能够用自己的欢愉去感染他人，从而使生活变得更加美好，更富有意义。我们能够感觉到他们是好人，这不仅可以从他们的行为举止中看出，而且我们还可以从他们待人处世的方式、说话的方式、关注他人利益的方式，以及他们整个外在表现、衣着服饰、举止姿势、快乐的情绪状态和笑声中看出这一点。高瞻远瞩的心理学家陀思妥耶夫斯基就曾经说过，"相比于乏味的心理学分析研究，我们能从一个人的笑声更好地认识他的性格"。笑能够建立联系，也能摧毁联系。我们都曾听到过那些幸灾乐祸者发出的带有挑衅意味的笑声。有些人完全笑不出来，因为他们离联结人与人之间关系的固有纽带非常遥远，以至于丧失了给他人带来快乐或让自己快乐的能力。还有另外一小部分人，他们完全不能给他人带来任何欢乐，因为他们所到之处，都只关注生活的痛苦面。他们四处走动，就好像希望能够熄灭每一盏欢乐之灯。他们从无盈盈笑脸，只是在不得不笑或者希望给人以他们能给别人带来欢乐的假象时，才会笑一笑。这样，我们就能理解同情和反感等情绪的神秘之处了。

与这种富有同情心者相反的，是那些专爱破坏他人兴致、对他人计划横加干涉的人。他们宣称，世界是悲伤、痛苦的深渊。其中一些人勉强度日，好像他们已经不堪生活的重负。每一个小小的困难都会被他利用，未来好像变得黯淡且令人沮丧，而在他人高兴的场合，他们总会不失时机地说出一些卡珊德拉式（Cassandra-like）的悲哀预言。不管是对他自己，还是对其他任何人，他都是彻头彻尾的悲观主义者。如果周围某人有了开心的事情，他们便会焦躁不安，并试图找到这件事令人沮丧的一面。他们不仅口头上这么做，而且还用干扰的行动阻止他人幸福地生活和享受人与人之间的情谊。

二、思维过程与表达方式

有时候，有些人的思维过程和表达方式让人感觉很矫揉造作，以至于我们情不自禁地要去加以注意。有些人思考、说话的方式，就好像他们的思想范围仅局限于一些警句格言。他们一张嘴，别人就知道了他们接下来要讲什么。他们的话听起来就像本廉价小说，说着一些从最糟糕的报纸上学来的时髦话语。他们的话语中充斥着各种俚语或专业术语。这种表达方式可以让我们更进一步地理解一个人。有些想法和词语是人们不用或不可以用的。他们粗野庸俗的风格表现在每一个句子里，有时候连说话者自己都惊诧不已。当说话者用一些时髦话语、俚语来回答每一个问题，并根据通俗小报和电影中的陈腔滥调来思考和行动时，这就证明了他在评价和批评他人时缺乏共情。不用说，许多人不能用其他任何方式进行思考，这恰恰证明了他们的精神迟钝。

三、学龄儿童的不成熟性

我们常常会碰到这样一些人，他们给人的印象是他们的发展在学龄阶段便已经终止，而且始终未能超越"中学生"阶段。他们在家里、工作中以及社会上都表现得像个学龄孩童，急切地倾听并等待机会发表自己的见解。他们在聚会中总是急于回答别人提出的任何问题，就好像要确保每一个人都知道他们对此话题略知一二，并等着别人给他一份良好的成绩报告单来证明这一点。这些人的关键在于：他们只有在一些完全确定的生活形式中才感到安全。一旦发现自己处在一个不适宜采用学童行为方式的情境中，他们就会忧心忡忡、焦虑不安。这一特征在各种知识阶层的人当中都会显现。在不能取得共鸣的情况下，这些人就会表现得枯燥乏味、严肃古板，让人难以接近；或试图扮演这样的角色：上知天文，下知地理，精通每一门学科，他们要么对一切都有直接的认识，要么试图根据一些先决法则和公式对其加以归类。

四、学究和奉行原则的人

我们发现，有一种非常有趣的学究类型的人是这样的：他们总是试图根据某个他们认为对每一情境都有效的原则来对每一活动、每一事件进行分类整理。他们坚信这一原则，谁也不能使他们放弃，而如果有什么事情不能根据这条原则来解释，他们便会极不舒服。他们都是些枯燥乏味的书呆子。我们对他们有这样的印象：他们有极为深切的不安全感，以至于他们必须将生活中的一切都精简为为数不多的规则和准则，以免自己被生活所吓倒。在面对一个没有规则或准则的情境时，他们只能逃跑。如果有人玩他们不精通的游戏，他们就会感觉受到侮辱并心生不悦。不用说，这种方法可以让一个人得以行使极大的权力。例如，那些不可胜数的反社会的"拒绝服兵役的人"就是这样。我们知道，这些过分诚实的个体往往会受到一颗无限制的虚荣之心和一份无止境的支配欲望的驱使。

即便他们是优秀工作者，他们枯燥无味的学究态度也非常明显。他们没有创造力，兴趣范围极其狭窄，满脑子尽是奇思怪想。例如，他们可能会形成总走楼梯外侧或只走人行道裂缝处的习惯。其他一些人则可能不惜一切代价地坚持走自己已经习惯了的路。这种类型的人对于生活中的真人真事没有什么同情心。为了制定出他们自己的原则，他们浪费了大量时间，而且，他们或迟或早会与他们自己以及周围环境格格不入。一旦出现他们不习惯的新情境，他们便会不知所措，一败涂地，这是因为他们没有准备好解决这样的新情况，也因为他们坚信：如果没有规则和神奇的准则，那什么事情都将做不成。因此，他们严格地避免任何的变化。比如，他们在长时间适应了冬天以后便难以适应春天。随着温暖季节的到来，一条通往户外的路也会唤起他们内心的恐惧，因为他们将不得不与他人有更多的接触，结果他们感觉非常不好。这些人常常抱怨，一到春天，他们的感觉就会更糟糕。因为他们需要克服重重困难才能适应新的情境，因此我们会发现，他们总是做一些不需要什么创造性的工作。只要他们不改变，就没有哪个老板会给他们换岗位。这些并非遗传而来的特征，也不是无法改变的表现，而是一种错误的生活态度，这种错误的生活态度强有力地占据了他们的灵魂，以至于完全控制他们的人格。最后，个体便深深地陷入自己内生的偏见之中无法自拔。

五、顺　从

奴性十足的人同样也不能很好地适应需要创造性才能的职位。只有在听从他人的命令时，他们才会感到心安理得。奴性十足的人往往依靠他人的规则、法则来生活，而且，这种人几乎是不由自主地会选择一份不需要独立性的一味屈从的职业。我们可以在生活的各种关系中看到这种奴性态度。我们根据一些外在姿态，便可以推断出这种奴性态度的存在，它通常是一种低头哈腰、卑躬屈膝的态度。我们常看到他们在别人面前点头哈腰，侧耳细听每个人说出的每句话，他们这样做在很大程度上并不是为了权衡、思考这些话，而是为了很好地执行他人的命令，并对他人的思想情感做出回应和肯定。他们认为表现出顺从的样子是一种荣耀，有时候，他们对这一想法的执着程度令人难以置信。他们真正的快乐就在于顺从他人。我们的意思绝不是说那些时刻想要支配他人的人才是理想的类型，我们只是想表明那些总是用顺从来解决生活问题之人的生活阴暗面。

可以说，有很多人都认为，顺从是一条生活法则。我们所指的并不是奴隶阶层。我们说的是女性。"女人必须顺从"——这是一条不成文但却根深蒂固的法则，有些人把它定为一条固定不变的信条。他们认为，女人存在的唯一目的就是顺从。这些观点毒化、破坏了所有的人类关系，但至今这种信条仍未能彻底清除。甚至女人中也有很多人相信她们必须顺从，并认为这是一条永恒不变的法则。但谁都没有见过有人可以从这样一种观点中获益。或早或晚都有人要抱怨说，要不是女人如此顺从，一切本可以变得更好。

就像下面例子将会向我们表明的，一个顺从的女人迟早会变得依赖性很强，且对社会毫无用处，更不用说这样一个事实，即没有反抗，人类的灵魂将会变得顺从了。这是一个因为爱情而嫁给一位名人的女人。她和她的丈夫都赞同上述信条。慢慢地，她完全变成了一台机器，对她来说，除了责任义务、服务、更多服务以外，就没有别的了。每一个独立的姿态都从她的生活中渐渐消逝了。她周围的人也习惯了她的顺从，从来没有特别的异议，但却没有人从她的这种沉默中获得过任何益处。

这个案例中的女人并没有退化形成更大的障碍，因为它发生在相对较有文化的人当中。但我们想一想：在大多数人看来，女人的顺从是她不言而喻的命运，从这个案例中，我们就可以认识到，这个观点中潜藏着多少导致冲突的原因。当丈夫将这种顺从视为理所当然时，它就随时随地都可能引发冲突，因为事实上这样的顺从是不可能的。

我们发现，有些女人已顺从成性，以至于她们在找对象时往往会找那些看起来专横或残忍的男人。这种不正常的关系迟早都会发展为公开的战争。有时候我们会产生这样一种印象：这些女人是有意想让女人的顺从看起来显得荒唐可笑，并证明这是一种愚蠢的行为！

我们已经学会克服这些障碍的方法。当一男一女生活在一起时，就必须以同志式的劳动分工为条件，而不存在任何一方对另一方的征服。如果这暂时还只是一个理想，那它至少为我们提供了一个标准来评估个体的文化发展程度。顺从问题不仅在两性关系中扮演着重要角色，让男性背上了数以千计无法解决之困难的负担，而且在国际生活中也发挥着重要的作用。

古代文明将整个经济制度都建立在奴隶制之上。今天的大多数世人很可能都是奴隶家族的后代，而且，在过去的几百年中，这两个阶层的人一直生活在彼此隔绝、彼此对立中。事实上，现如今，在某些人心中，种姓制度依然占有一席之地，顺从的法则以及一个人奴役另一个人的法则也仍然存在，并且随时都可能派生出某种特定类型的人。在古代，人们习惯于相信：工作是奴隶们做的相对低等的事情，奴隶主则不用在普通的劳作中弄脏自己的双手；女奴隶主不仅是发号施令者，而且他还拥有一切有价值的性格特征。统治阶级是由"最优秀的人"组成的，希腊语中的"Aristo"即是此意。贵族统治社会（Aristocracy）就是由"最优秀的人"统治的社会，而这种"最优秀的人"拥有绝对的权利，而与美德和品行的审核毫无关系。只有奴隶才需要接受审核和分类，而贵族是那个拥有权力的人。

在现代社会，我们的观念仍一直受到先前存在的奴隶制和贵族统治社会的影响。人与人之间应该更为亲密的必要性已经使得这些制度毫无意义和重要性可言。伟大的思想家尼采就曾提倡最优秀之人的统治，以及芸芸众生的屈从。到了今天，要将人分成奴隶、奴隶主的想法从我们的思维过程中剔除出去，并实现人人平等，仍然是一件很困难的事情。不过，仅仅是拥有人人绝对平等这一新观念，便已是向前迈进了一大步，它能帮助我们，使我们不至于在行为上犯太大的错误。有些人已经奴性入骨，以至于只有在对他人感恩戴德时才感到高兴。他们永远都在请求他人的原谅，就好像他们的存在本身都需要他人的原谅一样。但我们不要被表象所迷惑，从而相信他们很乐意这样做。其实，在大多数时候，他们觉得自己非常不幸。

六、专　横

与我们刚刚描述的奴性十足之人形成对照的，是专横的人，这种人必定占有一定的支配地位，并急于扮演主角。在生活中，他只关心一个问题："我怎样才能比他人优越？"这种角色必然伴随着各种各样的失望。从某种程度上说，如果不带有太多敌意性的攻击和活动，那专横者的角色或许有用。每当我们需要一个指挥者时，就会发现，有这种专横心理的人会应运而生。他们专门寻找那些有利于发号施令和组织指挥他人的工作。在动荡不安的年代，当一个国家处于革命时期时，这种专横的人就会崭露头角，而且可以理解，也只有这种人才能崭露头角，因为他们拥有恰当的姿态、恰当的态度和欲望，此外，他们通常还为担任领导者角色做好了必要的准备。这种人在自己家里已经习惯了发号施令。除了那些让他们扮演国王、统治者或将军的游戏，其他游戏都不能让他们感到满意。他们当中有些人在由其他人指挥时，就会连最小的事情都做不了；一旦必须遵从他人的命令，他们就会变得激动万分、焦虑不安。在和平年代，我们发现，这样的人往往是商界或社会小团体的领袖人物。他们总是出现在最显眼的地方，因为他们一直不断地鞭策着自己，而且总是有很多话要说。只要他们不干扰生活游戏的规则，我们就不会对他们有什么异议，虽然我们事实上并不赞同当今社会给予他们的过高评价。他们也只不过是一些站立在深渊边缘的人，因为他们当不好一名普通士兵，也不会努力成为一名好队友。他们终其一生都在极度的紧张状态中度过，从来都没有半点闲适的时刻，这种状态会一直持续到他们以某种方式证明自己优越于他人为止。

七、心境与脾性

心理学如果认为，那些生活态度和工作态度极为依赖于自身心境和脾性的人是由于遗传而获得这种特征的，那这样的心理学就大错特错了。心境和脾性并非遗传而来，它们产生于过于野心勃勃并因而过分敏感的本性，这样的本性会用各种各样的借口来表达对生活的不满。他们过于敏感的反应就像一根伸开的触角，在面对每一个新情境时，他们就会先用这根触角试探一番，最后才涉足这个情境。

不过，有些人好像总是一副兴高采烈的样子。他们总是不遗余力、费尽心思地制造一种欢乐的氛围，以此作为他们必不可少的生活基础，他们总是强调生活的光明面。我们发现，这些人表现欢乐的层次也多种多样。他们当中有些人像孩童般欢天喜地，而且在他们的欢天喜地中，有着一些让人非常感动的东西。他们不回避自己的工作和任务，而是以某种孩子气的游戏态度，就像玩游戏或猜谜那样去解决工作中所遇到的问题。或许，再也没有比这更富有同情心、更美好的态度了。

但他们中间也有一些人欢乐过头了，在一些相对严肃的情境中，他们还是表现出同样的孩子气的态度。有时候，这样的态度在严肃正经的生活情境中并不合时宜，以至于给人留下不好的印象。看到他们工作的样子，人们往往会感到疑惑，并产生这样一种印象：他们实在是不负责任，因为他们希望很轻易就能克服困难。结果，真正困难的工作便不再派给他们去做，当然，这种工作通常也是他们自己主动回避的。不过，在转而讨论另一种类型的人之前，我们必须先赞美他们几句。与这种人一起工作总是让人非常愉快。他们与另一种终日哭丧着脸的人形成了鲜明的对比。欢乐的人比那些悲观主义者更容易被我们争取过来，悲观的人总是以一种悲哀的、不满的方式生活，对于他们所遇到的每一个情境，他们都只能看到其阴暗的一面。

八、厄　运

谁要是与社会生活的绝对真理和逻辑为敌，那他迟早都会在生活旅程中感受到来自生活的反击，这是心理学中的一条自明之理。通常情况下，犯下这些严重错误的个体并不会从经验中吸取教训，而是把他们的不幸看成是降临在他们头上的不公正的个人灾难。他们需要用整整一生的时间来证明他们是多么的运气不佳，证明他们之所以一事无成，是因为他们想要做的每一件事情都落入了厄运的魔掌。我们甚至发现，这些不幸的人身上竟然存在一种为自己的厄运而感到骄傲的倾向，就好像这种厄运是由某种超自然力量导致的。如果更为仔细地分析这种观点，你就会发现，这又是虚荣心在作祟。这些人的行为表现得就好像某个恶魔没事可干专门迫害他们一样。暴风雨来临时，他们相信会单单劈中他们。如果是盗贼行窃，他们害怕遭殃的一定是他们家。如果有任何不幸的事发生，他们都会确信这些不幸最终会落在他们头上。

只有把自己看成一切事件之中心的人才会这样的夸大事实。总是遭遇不幸，看似是一件非常谦卑的事情，但事实上，当这样的个体感到所有的敌对力量都只专注于向他们实施报复时，其实是他们顽固的虚荣心在作祟。这些人自孩提时代起就一直备受折磨，他们坚信自己是强盗、杀手以及其他一些诸如幽灵鬼怪之类令人不快的家伙的猎物。

可以预料，他们的态度会从其外在举止中表现出来。他们走起路来就好像背负了重担一样，弓着腰，驼着背，这样就谁都不会弄错他们是背负重担前行的。他们让我们想起了那些支撑起希腊神殿的凯勒亚蒂斯（Karyatids）——他们得终生肩负着门廊。这些人把一切都看得过重，总是用一种悲观的态度来评价每一件事情。我们不难理解为什么他们总是诸事不顺。事实上，他们之所以总是被厄运光顾，是因为他们不仅使自己的生活变得非常痛苦，还使别人的生活也痛苦不堪。虚荣乃是他们不幸的根源。"变得不幸"通常也是一种出人头地的方法！

九、宗教狂热

一些长期被人误解的人往往最后会遁入宗教，并在宗教的掩护下继续从事以前所做的一切。他们总是牢骚满腹，自怜自哀，把自己的痛苦转嫁给至高无上的上帝。他们所有的活动都只关注于自己。在这个过程中，他们相信，上帝这个备受敬重和崇拜的存在完全专注于为他们服务，并为他们的每一个行动负责。在他们看来，用一些人为的方法，如特别虔诚的祈祷或其他宗教仪式，可以使他们与上帝联系得更为密切。简而言之，亲爱的上帝只关注他们的麻烦苦恼，眼里只有他们，除此之外，别无所知，别无所为。在这种类型的宗教崇拜中存在着太多的异端，如果旧时的宗教法庭重现的话，这些极端的宗教狂热者很有可能第一个被烧死。他们对待上帝就像对待他们的同伴一样，怨声载道，悲悲戚戚，然而却从不动一根手指头去帮助自己或改善周围的环境。他们觉得，合作（cooperation）仅仅只是他人的职责和义务。

一个 18 岁姑娘的经历向我们表明了这种虚荣的利己主义思想会发展到怎样的地步。尽管很有野心，但她是一个很不错的姑娘，勤奋用功。她的野心淋漓尽致地表现在她的宗教信仰里，她用最虔诚的心进行每一项宗教仪式。有一天，她突然开始谴责自己，因为她觉得自己的信仰中有太多的异端，她觉得自己打破了戒律，而且脑子里还不时地会浮现一些罪恶的想法。结果，她花了整整一天的时间强烈地谴责自己，她强烈谴责自己的样子让大家都觉得她神经错乱了。她一整天都跪在墙角，痛不欲生地谴责自己；但其他人却找不出任何的理由，哪怕是很小的理由来谴责她。一天，一位牧师企图除去她那罪恶的沉重负担，向她解释说她从未真正地犯过罪，她一定会获得拯救。第二天，这个年轻的姑娘在大街上一动不动地站在这个牧师面前，大声地指责他，说他不配走进教堂，因为她的肩上已经有了如此罪恶的负担。我们无须更进一步地探讨这个案例，但它证明了野心是怎样闯入宗教问题之中，以及虚荣是如何使虚荣者成为裁决美德与恶习、圣洁与堕落、善与恶的法官的。

第五章　情感与情绪

　　情感和情绪是我们前面所说的性格特征的强化表现。情绪通常表现为一种突然的宣泄（在某种有意识或无意识的压力之下），和性格特征一样，它们也有确定的目标和方向。我们可以称它们为有确定时间界限的精神运动。情感不是什么不可解释的神秘现象，只要与一定的生活方式和个人先决的行为模式相适合，它们就会出现。它们的目的是要改变产生该情感之人的处境，以符合他自己的利益。它们是强化了的、更加猛烈的精神运动，发生在个体已经放弃了实现目的的其他途径，或对实现目标的其他任何可能性都已失去信心的时候。

　　在此，我们再一次涉及了这样的个体：他们在自卑感和不胜任感的重负之下，不得不集中所有力量，以更大的努力做出比所要求的更为剧烈的运动。他相信，只要更努力，他就有可能使自己成为众人注意的中心，并证明自己是个胜利者。如果没有敌手，我们就不可能愤怒，同样，如果没有克敌制胜的目的，我们就无法想象会产生愤怒的情绪。在我们的文化中，人们依然有可能依靠这些强化了的精神运动来达到自己的目的。如果没有借此方法获得认可的可能性，那么，我们很少有这种情绪的爆发。

　　对实现自己目标的能力没有足够信心的人，并不会因为自己的不安全感而放弃其目标，而是会通过更大的努力，在辅助性情感和情绪的帮助下向着目标挺进。这是被自卑感刺伤的个体常用的方法，他通过这种方法积聚自己的力量，并试图用一些未开化的野蛮人的方法来实现自己渴望实现的目标。

　　由于情感和情绪与人格的本质密切相关，因此，它们并不是独特的个体所具有的独特特征，而经常或多或少地存在于所有人当中。一旦置身于适当的情境之中，每一个个体都会表现出某种特定的情绪。我们可以称其为情绪能力（faculty for emotion）①。情绪是人类生活必不可少的一部分，我们所有人都能够体验到情绪。一旦我们对某个人有了相当深刻的了解，就完全可以想象出他常有的情感和情绪，而无须真的看到他们表现出这些情感和情绪。很自然，像情感或情绪这样根深蒂固的现象会对身体产生影响，因为身体和灵魂本来就是合而为一的。伴随情感和情绪的出现而产生的生理现象通常表现为血管和呼吸系统的种种变化，如满脸通红、面色苍白、脉搏加快、呼吸加快，等等。

一、分离性情感

（一）愤　怒

愤怒这种情感是追求权力和支配地位的名副其实的缩影。这种情绪非常清楚地表明，其目标是迅速而有力地扫除阻挡在愤怒者前进道路上的一切障碍。前面的研究已经告诉我们，愤怒者都是全力以赴追求优越感的人。对获得认可的追求，有时候会蜕化成十足的对权力的痴迷。当发生这样的情况，我们就会不出所料地发现，这个个体的权力感只要受到一丁点的威胁，他就会勃然大怒。他们相信（很可能是以前的经验导致的），通过这种方式，他们非常轻易地就能够为所欲为，克敌制胜。这种方法并非建立在很高的智力水平之上，但它在大多数情况下都能起作用。对大多数人来说，要记起他们有时候是怎样通过大发雷霆来重获声望的，并不困难。

有时候，愤怒的爆发从很大程度上说是合情合理的，但我们在这里考虑的不是这样的愤怒。我们所说的愤怒，指的是一种无时不在、习以为常、显而易见的情感。有些人确实愤怒成性，非常吸引人眼球，因为除此之外，他们再无别的办法可以用来解决问题。他们通常是一些目中

① 原著中用的是"Affektbereitschaft"一词。英语中没有很恰当的词与之相对应，它的意思是灵魂的倾向性（lability of soul）。也就是说，灵魂有可能对一系列新产生的情绪产生影响，使之适合于任何既定的情境。——中译者注

无人、极其敏感的人，他们不能容忍自己低人一等或与他人平分秋色，只有高人一等，他们才会感到愉悦。结果，他们的目光变得越来越敏锐，时刻保持警惕，以防某个人和他们靠得太近，或者对他们的评价不够高。最常与他们这种敏感同时出现的是一种叫不信任（distrust）的性格特征。他们发现自己不可能信任任何一个人。

我们发现，还有其他一些性格特征与他们的愤怒、敏感、不信任同时出现，而且这些特征之间关系密切。在比较困难的情形下，我们不难想象，这样一个极具野心的人因为害怕每一项严肃的工作，因而让自己始终不能适应社会。当他在某件事情上遭到了拒绝或否定，他只知道一种方式对此做出反应。他只会愤怒地表示抗议，而这种方式通常会让周围的人感到非常痛苦。比如，他可能会砸碎一面镜子，或者把一个名贵的花瓶摔个稀巴烂。如果他事后试图解释说他并不知道自己当时在做什么，人们也不大可能相信他。他想要伤害周围之人的欲望太明显了，因为他总是毁坏一些值钱的东西，而从来不会把他的怒气发泄在不值钱的东西上。由此可见，他的行动无疑是有计划的。

虽然这种方法在小圈子里能够获得某种程度的成功，但一旦圈子扩大，它就不再灵验了。因此，这些愤怒成性的人很快就会发现自己时时处处都在与这个世界发生冲突。

与愤怒这种情感相伴随的外在态度非常普遍，以至于我们只要一提到"狂怒"这个词，脑子里便可以想象出一个性格暴躁之人的图景。他所表现出来的对世界的敌意态度非常明显。这种愤怒情感几乎意味着对社会感的全盘否定。而对权力的追求也表现得非常残忍，以至于他很容易就会想到要置对手于死地。我们可以通过解决所观察到的各种情绪和情感，来实践我们所掌握的人性知识，因为情感和情绪是一个人性格中最为明晰的表征。我们必须指出，所有性情暴躁、动辄发怒、尖酸刻薄的人都是社会的敌人，也是生活的敌人。我们必须再一次提醒大家注意这样一个事实，即他们对权力的追求是建立在其自卑感基础之上的。任何已经认识到自身权力的人，都没有必要表现出这些攻击性的强烈运动和姿态。这是一个绝对不容忽视的事实。在愤怒爆发的那一刻，自卑感和优越感的整个范围显露无遗。这是一种蹩脚的把戏，是以他人的不幸为代价来抬高个人的评价的。

酒精是助长暴怒和愤怒的最为重要的因素之一。很少量的酒精常常就足以产生这种效果。众所周知，酒精的功效会使文明的抑制作用消失殆尽或被弃之一旁。一个酒醉之人所表现出来的行为举止，就好像他从来都没有受过教化一样。这样，他就失去了对自我的控制，也不再能顾及他人。在没有喝醉时，他还可以将自己对人类的敌意隐藏起来，并非常努力地克制住自己的敌对倾向。而一旦喝醉，他的真实性格便会暴露出来。与生活不相协调的人往往最容易嗜酒成性，这绝不是一件偶然的事情。他们在这种麻醉剂中找到了某种安慰和忘却，同时也为自己没有获得所渴望的东西找到了借口。

与成人相比，儿童发脾气（temper tantrum）的情况要常见得多。有时候，很小的一件事情就足以让儿童大发脾气。其原因在于这样一个事实，即由于儿童有更为强烈的自卑感，因此他们会以一种更为显眼的方式来表现他们对权力的追求。一个愤怒的儿童其实是在追求他人的认可。他所遇到的每一个障碍看起来如果不是不可逾越的，至少也是非常难以克服的。

当愤怒的结果超越了通常的咒骂和发怒的限度，就有可能真的会伤害到愤怒者自身。在这个方面，我们可以顺带提一下自杀的性质。在自杀行为中，我们常常看到自杀者会试图伤害亲戚或朋友，并且常常因为所遭受的某次失败而报复。

（二）悲　伤

当某人因失去或被剥夺了某物而无法自我安慰时，悲伤（sadness）这种情感就会出现。悲伤和其他一些情感一样，都是对不快感或软弱感的一种补偿，它相当于一种想要确保获得更好处境的企图。在这一方面，悲伤的价值与发脾气的价值是一样的。区别只在于：它们是不同刺激的产物，表现为不同的态度，使用的是不同的方法。与其他所有情感一样，悲伤中也存在对优越感的追求，虽然盛怒之下的个体总是试图抬高对自我的评价并贬低对手的价值，而且他的怒气往往指向其对手。悲伤相当于是从精神前线的一种真正退缩，是随之而来的扩张（悲伤的个体在这种扩张中往往能够获得个人的提升和满足）的先决条件。虽然采取的方式与愤怒的情况有所不同，但这种满足仍然是作为一种宣泄、一种指向周围环境的运动而存在的。悲伤的人总是抱怨，而这种抱怨让他与同伴对立了起来。虽然悲伤是人与生俱来的天性，但过分夸大的悲伤却是一种对社会的敌对姿态。

随之而来的周围他人的态度往往能够抬高悲伤者。我们都知道，悲伤的人很快就会发现，由于他人总是自愿为他们服务，同情他们，支持他们，鼓励他们，并竭力使他们幸福，因此他们的处境会变得比较轻松自由。如果在眼泪和悲号之后精神宣泄获得了成功，那么很明显，悲伤者就会通过使自己成为反对现存事物秩序的法官、批判者或原告，使自己凌驾于周围环境之上。这个原告由于悲伤而对环境的要求越多，他所要求的权利就变得越明显。悲伤于是成了一条无可辩驳的理由，把相关的责任和义务强加到了悲伤者周围其他人的头上。

这种情感明显表明悲伤者为摆脱软弱、获得优越感而付出的努力，以及想要确保自己位置、回避软弱感和自卑感的企图。

（三）情感的滥用

只有发现情感和情绪是克服自卑感、提升人格和获得认可的有价值的工具，我们才能理解它们所具有的意义和价值。表现情绪的能力在精神生活中具有广泛的应用价值。儿童一旦认识到他能够用狂怒、悲伤或哭泣来左右周围的环境，摆脱被忽略感，那么，他就会一次又一次地试着用这种方法来支配其环境。这样一来，他很容易就会陷入这样一种行为模式：即使是非常微不足道的刺激，他也会用他典型的情绪反应来回应。无论什么时候，只要符合他的需要，他都会使用自己的情绪。过分沉溺于情绪是一种坏习惯，有时候会演变成病态的表现。当这种情况发生在儿童时期，我们发现，他在成人以后也会经常滥用自己的情绪。我们可以想象，这样的个体往往会以一种游戏的方式使用愤怒、悲伤以及其他所有的情感，就好像它们是木偶一样。这种毫无价值且常常令人不快的特征使情绪失去了它们真正的价值。每当这样的个体不能得到某物，或者每当他人格的支配地位受到威胁时，这种玩弄情绪的倾向就会成为习惯性的反应。悲伤者可能会以非常强烈的哭声来表现其悲伤，以致让人感到不悦，因为这让人觉得悲伤者好像是在大肆宣扬，为他自己打广告。我们都曾见过这样的人，他们给人的印象是在和自己比赛，怎么看起来悲伤就怎么行动。

这种滥用有时也出现在与情绪相伴随的生理表现上。众所周知，有些人的愤怒会导致其消化系统出现强烈的反应，以至于他们一发怒就会呕吐。这种方法更为明显地表现出了他们的敌意。悲伤这种情绪同样也与拒绝进食的倾向密切相关，因此，悲伤的个体确实会体重减轻，名副其实地描绘了一幅"伤心的画面"。

这些类型的滥用对我们来说是不能漠然视之的事，因为它们触及了他人的社会感。一旦某位邻居对悲伤者表现出友好的感情，我们刚才所描述的那些强烈情感就会停止。然而，有些个体非常渴望他人对他表现出友好，以至于他们希望永远不停止自己的悲伤，因为只有这样，他们才能从同伴所表现出来的友情和同情中，真切地感受到自己人格感的提高。

尽管我们的同情心与愤怒和悲伤有不同程度的相关，但它们仍然属于分离性的情绪。它们不能真正地使人与人之间的关系密切起来。事实上，它们会伤害社会感，从而使人与人分离开来。诚然，悲伤最终会导致一种联合，但这种联合的产生并不正常，因为并不是双方都在为这种联合出力。它会导致社会感的歪曲，或早或晚，另一方都不得不付出更多。

（四）厌　恶

尽管不像别的情感那么明显，但厌恶（disgust）这种情感也具有分离性成分的特点。从生理上讲，厌恶是由于胃壁受到了某种形式的刺激而产生的。不过，在有些人身上也存在着出于精神生活方面的原因而"呕吐"的倾向和企图。正是在这一点上，这种情感的分离性元素显露无遗。后续的事件强化了我们的观点。厌恶是一种反感嫌恶的姿态。伴随着厌恶出现的怪相，意味着对环境的鄙视，以及以放弃的姿态来面对问题的解决。这种情感很容易就会被滥用，个体会将它作为借口，以逃避让他感觉不愉快的处境。要假装恶心反胃是很容易做到的，一旦这种感觉存在，个体必然要逃离他所不喜欢的某个特定的社交聚会场合。没有比厌恶更容易招之即来的情感了。通过某种特殊的训练，任何人都能够轻而易举地获得产生恶心反胃的能力；这样，一种原本无害的情感就变成了反对社会的强有力的武器，或者成了逃离社会的有效借口。

（五）恐惧与焦虑

焦虑（anxiety）是人类生活中最为重要的现象之一。这是一种错综复杂的情感，因为它事实上不仅是一种分离性的情感，而且它还像悲伤一样，能够在自己和同伴之间建立一种单向的联系。儿童常常因为恐惧而逃离某一情境，但却往往投入其他某个人的保护之下。焦虑这种机制并不直接表现出任何的优势——事实上，它反倒看起来像是在说明某种失败。焦虑的个体通常尽其所能地使自己显得渺小，但正是在这一点上，这种情感的分离性一面（它同时也是一种对优越性的渴求）才明显地表现了出来。焦虑的个体急切地逃入另一种情境的保护之中，企图通过这种方式来使自己变得强大，直至他们觉得自己已有能力直面并战胜展现在他们面前的危险。

对于这种情感，我们所探讨的是一种机体方面根深蒂固的现象。它是所有生物都感受到的原始恐惧的反映。人类由于其本性上的虚弱和不安全感，因而尤其容易遭受这种恐惧。我们对于生活中种种困难的了解非常缺乏，以至于儿童绝不可能自行使自己与生活相协调。其他人必须为儿童提供他所缺乏的东西。儿童一进入生活就会感觉到种种困难，并且生活的状况也开始对他产生影响。在寻求补偿不安全感的过程中，他始终面临着失败的危险，因此，他就形成了一种悲观的哲学。他表现出来的主要性格特征就成了：总是渴求他周围的环境为他提供帮助和照顾。他离生活问题的解决越远，他就越是变得小心谨慎。如果这样的儿童被迫向前迈进，他们会时时保持着逃跑、撤退的姿势和计划。他们随时都准备着撤退，焦虑这种情感自然就成了他们最为常见、最为明显的性格特征。

我们在这种情感的表达方式中看到了对抗的端倪，但是和魔方一样，这种对抗既不是以攻击性的方式进行，也并非以直线的方式进行。当这种情感出现病理性退化时，我们有时候能够获得对灵魂运作的特别清晰的认识。在这样的情形中，我们能够清楚地感觉到，焦虑的个体是如何寻求一只援助的手、如何把他人拉向自己并将其和自己拴在一起的。

　　对这种现象做更进一步的研究，会让我们再一次思考前面讨论焦虑这种性格特征时所探讨的内容。在这种情况下，我们所讨论的是这样一些个体：他们要求得到他人的支持，需要他人每时每刻都关注于他们。事实上，他就完全相当于是在建立一种主仆关系，就好像是其他某个人必须一直在他身边，随时为这个焦虑的个体提供帮助和支持。如果对此做更进一步的探究，我们就会发现，许多人终其一生都在要求获得某些特定的认可。他们在很大程度上已经丧失了独立性（这是他们与生活的接触不充分、不正确所导致的），以至于他们需要用特别强烈的方式来获得特权。不管他们怎样竭力寻求他人的陪伴，他们都几乎没有什么社会感。但一旦让他们表现出焦虑和恐惧，他们便能再一次为自己创造特权的地位。焦虑帮助他们逃避生活的要求，并控制着他们周围的所有人。最后，焦虑慢慢潜入他们日常生活的每一种关系中，成为他们获得支配权的最为重要的工具。

二、连接性情感

（一）欢　乐

　　欢乐（joy）是一种非常明确地架起人与人之间桥梁的情感。欢乐不能忍受人与人之间的隔离。快乐通常表现为寻找同伴、拥抱等，一般出现在那些想一起玩耍、并肩同行、一起分享欢乐的人身上。这是一种连接性的态度。可以说，它是向同伴伸出手。它类似于温暖从一个人传播到另一个人身上。所有连接性的因素都存在于这种情感之中。当然，我们在这里讨论的也是这样的人：他们试图克服不满足感或孤独感，这样他们就可以沿着我们从头到尾经常加以证实的路线获得一定程度的优越感。事实上，快乐很可能是征服困难的最好表现。欢笑（laughter）具有让人释放的能量并给人以自由的力量，它与快乐密切相关，可以说，它代表了欢乐这种情感的主旨。它超越了人格的界限，满载着对他人的同情。

　　当然，这种欢笑、这种快乐也可能被滥用，用以达到个人的目的。因此，一个害怕产生无足轻重感的病人，在听到致死的地震消息时，可能会表现出欢乐的迹象。当他悲伤的时候，他会感到自己无能为力。因此，他会很快从悲伤中逃离出来，并试图进入悲伤情感的相反状态——欢乐。另一种对快乐滥用的表现是幸灾乐祸。这种欢乐出现在错误的时间或错误的地点，是对社会感的否定或破坏，它只不过是一种分离性的情感，是一种征服的工具。

（二）同　情

同情（sympathy）是社会感最纯粹的表现。不管什么时候，只要我们发现某个人有同情心，那我们一般情况下就可以肯定他具有成熟的社会感，因为这种情感使我们得以判断一个人能够在多大程度上使他自己认同于他的同伴。

也许比起同情这种情感本身，更为普遍的是对它的习惯性滥用。滥用同情的人会假装成很有社会感的样子；滥用本质上就是一种对它的夸大。于是便有了这样一些个体：他们急匆匆地涌向灾难现场，为的是让自己的名字出现在报纸上，他们并没有真的做什么事情来帮助这些受难者，但却为自己挣得一份廉价的名声。还有一些人似乎总喜欢追究他人的不幸。对于那些专门同情他人的人以及乐善好施者，我们不能把他们和他们的行动分开来看，因为他们事实上往往是在制造一种使自己凌驾于那些据说得到了他们帮助的悲惨可怜、一贫如洗的人之上的优越感。人类伟大的智者拉罗什富科曾说过："从我们朋友所遭遇的不幸中，我们总能找到一些让自己感到满足的东西。"

把我们对悲剧的欣赏与这种现象相提并论，是错误的。有人说，在观看悲剧时，观众往往觉得自己比舞台上的角色更为圣洁高尚。这对大多数人来说并不适合，因为我们对一部悲剧的兴趣多半来自于我们想要获得自我认识、自我教育的渴望。我们并没有忽视它只是一部戏剧的事实，而且我们也只是利用戏剧中的情节来促进自己为生活做更多的准备。

（三）谦　逊

谦逊（modesty）一方面是一种连接性的情感，另一方面也是一种分离性的情感。这种情感也是我们社会感结构中的一部分，因此与我们的精神生活密不可分。没有这种情感，人类社会就不可能存在。每当个体的人格价值快要下降，或者个体有意识的自我评价有可能丧失时，这种情感就会产生。这种情感会导致身体的强烈反应，具体表现为外围毛细血管的扩张。这是一种皮肤毛细血管的充血，就像我们所看到的脸红。通常这种充血只会出现在面部，但也有些人会全身发红。

　　谦逊的外在态度是一种退缩的态度。它是一种想与人隔离的姿态，通常伴随着一种轻微的抑郁，这种抑郁相当于是为撤离具有威胁性情境而做的准备。双目低垂、羞怯扭捏是准备逃跑的动作，这明确地表明谦逊是一种分离性的情感。

　　像其他的情感一样，谦逊也有可能被滥用。有些人非常容易脸红，以至于他们与同伴的所有关系都受到了这种分离性特征的不良影响。当谦逊被这样滥用时，它作为一种隔离机制的价值就显露无遗了。

附　录

教育总论

在这里，让我们就前面的论述中曾偶尔提到的一个问题再补充几句。这个问题就是：人在家庭、学校和生活中所受到的教育对灵魂的成长所产生的影响。

毫无疑问，当代家庭教育在极大程度上助长和唆使了对权力的追求和虚荣心的发展。在这一点上，每个人都能从自己的经验中获得教训。诚然，家庭有着极大的优势，我们也很难想象还有什么比家庭更合适的机构能使儿童受到更好的照顾和教育。特别是在疾病问题上，家庭已被证明是最适合保护人类的机构。如果父母都是优秀的教育者，具有识别儿童刚刚萌发的错误发展的必要洞察力和能力，此外，如果他们还能够通过恰当的教育与这些错误做斗争，那么，我们就应该非常高兴地承认，没有比家庭更适合于保护健全人类的机构了。

然而，不幸的是，父母既不是优秀的心理学家，也不是好教师。在当今的家庭教育中，各种各样病态的家庭自我主义似乎在扮演着主要的角色。这种自我主义要求自己家的孩子应该受到特别的教育和培养，应该因其具有不同寻常的价值而受人称赞，甚至不惜以牺牲其他儿童为代价。因此，从心理学角度讲，家庭教育常常会犯下最为严重的错误，给儿童灌输这样一种错误的观念，即他们必须比其他任何人都优越，并认为自己比其他所有人都要高出一筹。任何建立在父权观念基础之上的家庭组织都摆脱不了这种思想。

于是，邪恶出现了。这种父权的确立只在非常小的程度上以人类共同意识和社会感为基础。它很快就会唆使个体或公开或秘密地抵制社会感。反抗从来都不是公开进行的。权威教育的最大弊端在于：它给儿童树立了一个权力的典范，并向他们展示了与拥有权力密切相关的种种快乐。于是，每个儿童都滋生出了对支配权的渴求，变得对权力野心勃勃且极度虚荣。每个儿童都渴望独占高枝，每个儿童都想要受人尊重，而且他迟早都会要求他人的服从和顺从，就像他在周围环境中所看到的那样，最有权力的个体将他人践踏在脚下。他的这些错误观念必然会导致这样的结果，即他会采取一种好战的态度来对待他的父母以及整个世界。

在这种盛行的家庭教育的影响之下，儿童事实上不可能对优越于他人的目标视而不见。我们常常看到，一些很小的儿童喜欢扮演"大人物"，这些儿童长大成人后，他们的思想和对童年的无意识记忆都清楚地表明，他们对待整个世界的方式就好像世界还依然是他们的家庭一样。如果他们的态度遭遇挫折，他们就会倾向于逃离这个在他们眼中已经变得可恨的世界。

诚然，家庭也适合于发展社会感。但如果我们还记得权力追求的影响和家庭中权威的存在，我们就会发现，这种社会感只能在有限的程度上得到发展。最初寻求爱和温柔的倾向往往和与母亲的关系有关。很可能这是一个儿童可能拥有的最为重要的经验，因为儿童在这种经验中认识到了另一个完全值得信任的人的存在。他认识到了"我"和"你"的区别。尼采（Nietzsche）曾经说过，"每个人都根据自己与母亲的关系来塑造所爱之人的形象"。裴斯泰洛齐（Pestalozzi）也曾证明一个母亲何以成为决定儿童将来与世界之关系的理想典范。事实上，与母亲的关系确实决定了以后所有的活动。

母亲的职责就是发展儿童的社会感。我们在儿童当中注意到的怪异人格往往源自于他们与母亲的关系，而且，此种发展的方向是母子关系的表征。无论在什么地方，只要母子关系遭到扭曲，我们通常就会在儿童身上发现某种社会缺陷。有两种错误是最常犯的。第一种错误来自于母亲没有履行她对儿童的职责，因而儿童没有发展出任何的社会感。这种缺陷至关重要，一连串令人不悦的后果会因此而产生。这样的儿童就像是一个在敌国长大的异乡人。如果有人想帮助这样的儿童，那么，别无他法，只能重新扮演他母亲的角色，这是他在发展过程中未能得到的。可以说，这是使他成为一个同伴的唯一方法。第二个错误可能是人们更常犯的，那就是：母亲虽然承担了她的职责，但却采取了一种过于夸张、过分强调的方式，以至于儿童不可能将社会感转移或投射到母亲之外的任何人身上。这样的母亲让儿童将其发展起来的所有感受全部发泄在她本人身上。也就是说，这样的儿童只对母亲感兴趣，而将世界上的其他一切都拒之门外。这样一个儿童缺乏成为适应社会存在的基础，这是不言而喻的。

除了与母亲的关系之外，还有许多其他重要时间段也扮演着教育中的重要角色。快乐的幼儿园生活能使儿童顺利地进入世界。如果我们牢牢记住，在生命最初的几年，大多数儿童将不得不和多少困难做斗争，他们是多么难以与世界保持协调一致，他们是多么难以找到一个幸福的居所，那么，我们就能理解儿童期的最初印象对儿童来说有多么重要。这些是指引他在世界中朝哪个方向前进的路标。如果我们再补充这样一个事实，即有一些儿童一来到这个世界就体弱多病，他们所体验到的只有痛苦和悲伤，而且大多数这样的儿童不能上本可使他们开心快乐的幼儿园，那么，我们就能清晰地理解，为什么大多数儿童长大后并没有成为生活和社会的朋友，也没有受到在真正的人类社会里如鲜花般盛开和发展起来的社会感的激励。此外，我们还必须把教育中的错误所产生的特别重要的影响放到决定性作用的位子上。严厉的权威教育完全会扼杀儿童在生活中可能拥有的任何欢乐，同样，如果一种教育为儿童清除了成长道路上的所有障碍，使儿童如娇花般在温室中成长，"为他安排好了一切"，那么，可以说，当这个儿童长大成人后，任何比他四季如春的家庭氛围更为狂暴的环境都让他无法生活。

因此，我们看到，在我们的社会和文明中，家庭教育并没有很好地适应社会的需要，即发展我们所渴望得到的人类社会中富有价值的同志式的同伴关系。而现实的家庭教育过于注重培养个体虚荣的野心和提高个人地位的欲望。

　　那么，还有没有什么可能弥补儿童发展过程中的种种错误，并改善其发展条件呢？答案是学校。但是，一项精确的调查分析表明，学校在当前的情形下也不能胜任这项工作。现在，几乎没有哪位教师愿意承认，他能够识别出儿童身上的人为错误，并在现有的学校条件下纠正这些错误。他完全没有准备好承担这样一项任务。他的任务只是向儿童转述某门课程的内容，而从来不敢关注他所面对的人性内容。此外，每个班级都有太多的儿童这一事实更加妨碍他完成这项任务。

　　就没有其他任何机构能够纠正家庭教育的缺陷吗？有人可能会建议说，生活就是这样一个机构。但是，生活也有它特定的局限。生活本身并不适合于去改变一个人，尽管它有时候看起来像是如此。人类的虚荣心和野心不允许它这么做。一个人不管犯了多少错误，他都只会责怪其他人，或者觉得自己生不逢时。我们很少发现有人会拿自己的脑袋去和生活硬碰，也很少有人犯了错却什么都不想。我们在前面一个章节中对情感滥用的分析就证明了这一点。

　　生活本身不能产生任何实质性的改变。这在心理学上是可以理解的，因为生活涉及的是人类已经完成的作品，而已经有了清晰目标的人类都在为追求权力而努力。恰恰相反，生活是最为糟糕的老师。它不为我们做任何的考虑，不向我们发出任何的警告，不给我们任何的教导；它只会拒绝我们，让我们自己走向毁灭。

　　因此，我们只能得出一个结论：唯一能够引起改变的机构是学校！学校只要不滥用其职能，还是有可能行使这种功能的。迄今为止，学校的情况一直是这样的：管理学校的个体将学校打造成满足自己的虚荣心和实现他雄心计划的工具。今天，我们常听到这样的叫嚣，说学校应该重建旧时的权威。难道旧时的权威就取得过什么好的结果吗？一种一直以来都觉得有害的权威怎么一下子就变得富有价值了呢？我们都曾目睹过家庭中的权威（事实上，家庭中的情形还要更好一些）只会导致一件事情——普遍的反抗。那学校中的权威又究竟好在哪里呢？任何不是凭自身获得认可而是必须靠外力强加给我们的权威，都不是真正的权威。太多的儿童来到学校，心里想的都是：教师只不过是国家的雇员而已。要想给儿童强加某种权威，而不给他的精神发展带来不幸的后果，那是根本不可能的。权威不能依靠外力强加——它只能建立在社会感的基础之上。学校是每个儿童在精神发展的过程中都必然要经历的一个场所。它必须适于健康精神成长的要求。只有当学校与健康精神发展的必要性协调一致的时候，我们才能说这是一所好学校。只有这样的学校，才能被我们认为是适于社会生活的学校。

结　论

在本书中，我们曾试图表明：灵魂来自于一种具有遗传性的物质，其功能既是生理性的，又是心理性的。灵魂的发展完全受社会影响的制约。一方面，机体的种种需要必须得到满足，另一方面，人类社会的种种要求也必须得到实现。灵魂就是在这样的背景下发展起来的，它的成长也必须依靠这些条件来加以阐释。

我们已对这种发展做了更进一步的探究，讨论了知觉、回忆、情绪、思维的能力和功能，最后，我们还考察了性格特征和情感。我们已经阐明，所有这些现象都有着不可分割的联系。一方面，它们要服从于社会生活的规则，另一方面，它们还会受到个人对权力和优越性之追求的影响，因此，它们会以一种特殊的、富有个性的、独一无二的模式表现出来。我们已经表明：个体追求优越感的目标（这个目标会随着社会感在某一具体情形中的发展程度而有所改变）是如何引发出特定性格特征的。这些性格特征绝非来自遗传，而是以一种符合从精神发展之本源产生的镶嵌式的方式发展起来的，它们会朝向统一的方向以实现某个始终存在的、每个人都或多或少知觉到的目标。

这些性格特征和情感中有些对于理解人类而言是极具价值的指标，我们已对其做了相当详尽的探讨，其他一些性格特征和情感则没有谈及。我们已经阐明：根据个体对权力的追求，每个人身上都会出现一定程度的野心和虚荣心。从这种表现中，我们能够清楚地观察到他对权力的追求，以及这种追求的活动方式。我们还阐明了：野心和虚荣心的膨胀如何阻碍个体的正常发展。在这种情况下，社会感的发展要么受到阻碍，要么根本就不可能有任何发展。由于野心和虚荣心这两种性格特征的干扰性影响，社会感的发展不仅会受到抑制，而且那些充满权力渴望的个体往往会走向自我毁灭。

在我们看来，这条精神发展的法则似乎无可辩驳。对于任何希望有意识地、公开地安排自己的命运，而不愿自己成为那些黑暗幽深、神秘莫测之倾向的牺牲者的人来说，它是最为重要的指标。这些研究是人性科学的试验，人性科学是一门无法教授或培养的科学。在我们看来，理解人性对每一个人来说似乎都是必不可少的，而对人性科学的研究，则是人类心灵中最为重要的活动。

图书在版编目(CIP)数据

理解人性/(奥)阿德勒著;方红,郭本禹等译. —北京:北京师范大学出版社,2016.6(2020.6重印)
(精神分析经典译丛)
ISBN 978-7-303-19951-8

Ⅰ.①理… Ⅱ.①阿… ②方… ③郭… Ⅲ.①个性心理学—研究 Ⅳ.①B848

中国版本图书馆 CIP 数据核字(2016)第 001828 号

营 销 中 心 电 话 010-58802135 010-58802786
北师大出版社教师教育分社微信公众号 京师教师教育

LIJIE RENXING

出版发行:北京师范大学出版社 www.bnup.com
　　　　　北京市西城区新街口外大街 12-3 号
　　　　　邮政编码:100088
印　　刷:北京溢漾印刷有限公司
经　　销:全国新华书店
开　　本:730 mm×980 mm　1/16
印　　张:13.25
字　　数:198 千字
版　　次:2016 年 6 月第 1 版
印　　次:2020 年 6 月第 3 次印刷
定　　价:50.00 元

策划编辑:鲍红玉　陈红艳　　责任编辑:齐　琳　王星星
美术编辑:王齐云　　　　　　　装帧设计:王齐云
责任校对:陈　民　　　　　　　责任印制:马　洁